ÁNGELES IZQUIERDOS

Juan Ernesto de Mosquera

Nuestros ojos, son los portales a nuestras almas, las cuales parecen dimensiones dentro de nuestra mente, cada persona es un universo, una realidad, un mundo, solamente el Creador sabe lo que podemos sentir dentro de nuestro ser, ya que ni siquiera nosotros mismos podemos explicar las cosas que sentimos pero cuando olvidamos la belleza de nuestros ojos y nos centramos en la belleza física nuestro pensamiento se desvía y olvidamos poco a poco que debemos valorar a todas las personas por su bondad interior y no por su físico, pues a veces los rostros hermosos y radiantes pueden conducirnos por un mal camino ya que hasta los malvados también pueden hacer milagros.

Índice

Prólogo

Todo inició cuando en el hermoso cielo se veían caer aves con alas de fuego, su paso era hermoso, todos se quedaban observando, un espectáculo así no era visto con frecuencia, todos pensaban que las estrellas caían del cielo, ante tal milagro los hombres y mujeres prepararon una celebración en honor al Creador, pues pensaban que esa era la señal que la humanidad esperaba.

Al descender de los cielos estos seres tomaron forma parecía a la de los humanos, ellos habían sido enviados para cuidarlos y santificarlos, debían poner el nombre del nombre del Creador por todo lo alto. Al pisar la tierra uno de estos seres llamado *Shemyasha* quien era el líder y comandante de todos estos honorarios celestiales recordó la reunión que tuvo con el Creador en presencia de toda la Ciudad Eterna, allí todos prometieron al

Creador que vigilarían a los humanos y se asegurarían de guiarlos por el camino correcto, fue de esa manera cuando por la gracia de Dios recibieron el nombre de *Los Vigilantes del Cielo*, en seguida se despidieron de la Ciudad Eterna para adentrarse en un mundo, el cual, cambiaría sus existencias para siempre.

Solamente al llegar

Shemyasha comandó a sus celestiales bajo su mando, quienes al ver que se acercaban a la tierra usaron la profunda sabiduría dada por el Creador para materializar sus cuerpos, como los humanos los describieron, su llegada como un milagro, apenas llegaron Shemyasha y sus Vigilantes comenzaron a tocar sus rostros, ellos eran seres espirituales, por primera vez encarnaban, era todo nuevo y mágico para ellos.

Los Vigilantes del Cielo en seguida vieron lo hermoso del mundo, todo era tan natural y suave, tocaban la tierra y sentían la vida en ella, justamente ahí observaban a cientos de humanos acercarse al Monte en el cual ellos habían descendido, los Vigilantes bajaron para presentarse ante los humanos, Shemyasha vio a todos los hombres y mujeres de una manera diferente, recordó en ese momento que antes de encarnar había mostrado al Creador un poco de su descontento sobre las actitudes de los humanos pues no los creía dignos de merecer aquella hermosa tierra, los humanos comenzaron a adorarlos pero Shemyasha los detuvo, ellos no debían ser adorados, toda la gracia debía ser para El Creador, ellos solamente estaban ahí para vigilarlos y orientarlos, así pues, los humanos entendieron las palabras de estos hermosos seres quienes se hicieron llamar *Los Vigilantes de los Cielos*, pues desde allí habían venido, los humanos mostraron sus respetos y después se retiraron, pero dejaron sus ofrendas ahí para mostrar su agradecimiento a los Vigilantes, quienes veían impresionados los obsequios de los humanos, pero no se atrevieron a comerlos, como seres espirituales no tenían la necesidad de comer ni de beber ya que su alimento era la gracia del Creador, fue así como de una vez decidieron dividir los territorios para poder vigilarlos de una manera efectiva, los pueblos humanos crecían con mayor rapidez.

Al comenzar con sus labores los Vigilantes ayudaban a los humanos en lo necesario para facilitar sus trabajos, estos agradecían a los Vigilantes y les daban sus ofrendas, pero los Vigilantes siempre las rechazaban debido a que no necesitaban comer, ni beber, solamente estaban allí para ayudar a los humanos en sus labores.

Uno a uno se marchó hasta su territorio y comenzaron a tomar notas del progreso de la humanidad quienes aconsejados por cada Vigilante veían cómo poco a poco aprendían nuevas formas de trabajo.

El segundo al mando de los Vigilantes de nombre *Azazel* observaba lo duro que trabajaban los hombres, así pues se dispuso a ayudarlos, pero observaba que sus manos eran lastimadas y al ver que estos simplemente tenían dificultades al trabajar le dio ciertas recomendaciones para que su producción fuese prospera sin tener que trabajar demasiado, esa fue la rutina de los Vigilantes al menos por un tiempo, pues poco a poco descubrirían que los humanos podrían ofrecerles muchas cosas más.

En un lago hermoso

Shemyasha se desplazaba a través de los pueblos
humanos ayudándolos con sus trabajos y
orientándolos en lo que pudiera, su promesa
ante El Creador estaba latente en todo momento,
su deseo de transformar la tierra en un centro de
adoración para el señor estaba ardiendo dentro
de él.

Los pueblos de la humanidad comenzaron a
crecer y a aumentar su belleza, Shemyasha poco
a poco, al igual que los otros Vigilantes
comenzaron a sentir orgullo por todo lo que
habían hecho por los pueblos humanos, quienes
les agradecían constante por su ayuda, pero, los
Vigilantes, con toda su sabiduría y sus buenas
intenciones no pudieron notar que ellos no
debían sentir orgullo, eran seres celestiales y el
orgullo era una característica completamente
humana, los efectos de la materialización de sus

cuerpos podría tener consecuencias para estos Vigilantes quienes no sintieron lo que estaba por venir.

Fue así como Shemyasha, una tarde mientras buscaba la manera para desviar el agua de un hermoso lago hasta uno de los pueblos cercanos se acercó hasta la fuente principal de este lago, en donde la naturaleza lo cautivó, pues allí los animales eran hermosos y las frutas de un color radiante, Shemyasha escuchó una pequeña cascada desde donde el lago se distribuía a través de aquel pequeño bosque, Shemyasha se acercó poco a poco pero lo que vio allí lo impactaría de por vida, una mujer completamente desnuda se estaba bañando en aquel lago, Shemyasha tapó sus ojos y enseguida imploró al Creador para que eliminara ese pensamiento tan extraño que surgía dentro de él, no sabía de qué se trataba pero jamás había sentido eso, era una especie de vacío en su pecho que latía cálidamente, Shemyasha abrió los ojos nuevamente y la mujer seguía allí, bañándose y mostrando sus partes íntimas, Shemyasha se retiró del lugar y alzó su vuelo hasta el Monte el cual era el hogar de los Vigilantes, no debía regresar nunca más a ese lugar.

Fue así como los días pasaron y los Vigilantes siguieron con su labor, el cual estaba saliendo a la perfección.

Azazel se reunió con Shemyasha y preguntó si estaba todo bien, Shemyasha aseguró lo contento que estaba por todo el trabajo hecho por los Vigilantes quienes habían dado la talla para el trabajo que se les había encomendado, fue entonces cuando pidió a Shemyasha interceder para desviar la trayectoria del rio, de esa manera los cultivos crecerían de manera saludable y los humanos podrían cultivar con mayor facilidad, Shemyasha se negó a tocar ese lago y Azazel preguntó si podría hacerlo él,

Shemyasha se negó a tocar el lago, lo consideraba demasiado hermoso para ser tocado.

Shamsiel quien era otro de los Vigilantes esperó a que todos se fueran y habló con Shemyasha, asegurando que los signos del sol le decían que Shemyasha estaba teniendo percances dentro de sí, Shemyasha sonrió en frente de Shamsiel asegurando que siempre había sido tan sabio y tan observador, pero esta vez no había nada de qué hablar, estaban en una gran misión y el Creador los observaba con atención, Shamsiel puso su mano sobre el hombro de Shemyasha y le aseguró que cuando estuviera preparado escucharía sus palabras, Shemyasha se quedó en silencio mientras Shamsiel volaba hasta su pueblo asignado, Shemyasha se quedó solo en aquel Monte viendo al atardecer, el cual era tan hermoso, completamente diferente a la Ciudad Eterna, la cual era hermosa, pero ambas eran diferentes tipos de belleza.

Cara a cara

Mientras los humanos iban a cazar Azazel les guiaba y desde el cielo observaba en dónde estaban los animales para que los humanos los fuesen a cazar, pero la cacería era difícil en aquellos tiempos, los humanos solamente cazaban con sus manos y no obtenían ningún tipo de ayuda.

En ese momento Azazel observó a un animal de gran tamaño, en seguida avisó a los humanos para que estos se encaminaran a cazar al animal, pero al llegar la velocidad del animal no podía ser igualada por un humano, Azazel los guiaba señalándoles hasta donde había ido el animal, pero todo era inútil, los humanos comenzaron a cansarse y a desmotivarse, aparentemente se quedarían sin comer por ese día, Azazel al ver la hambruna que pasarían los humanos decidió tomar su arco y su flecha y disparar al animal quien cayó muerto, en ese momento Azazel quien estaba en el cielo sintió un gran dolor en su pecho y cayó rápidamente al suelo, los humanos preguntaron si todo estaba bien, Azazel se levantó poco a poco y los humanos lo ayudaron llevándolo a uno de sus hogares.

Una vez allí Azazel fue despojado de sus armaduras y acostado en unas hojas mientras era atendido por la hija de un humano, una joven hermosa quien preguntó al Vigilante cuál era su nombre, Azazel respondió y regresó la misma pregunta, el nombre de aquella joven era *Saray,* Azazel con sus ojos azul cristales observaba la belleza de la joven quien lo atendía con amabilidad.

Azazel logró levantarse y se colocó su armadura y preguntó si aquel animal había sido recogido, el padre de Saray llamado *Joe* aseguró que ya había sido repartido entre todos y agradeció a Azazel por su gran ayuda, Azazel aseguró que no podría ayudarlos nuevamente con la caza, pero les enseñaría la manera en que podrían cazar mejor.

Después de eso Azazel se marchó y prometió regresar al día siguiente para ayudarles, Azazel al llegar al Monte en donde los demás Vigilantes estaban reunidos notó que nadie sospechaba de lo que había ocurrido, así que mantuvo el silencio.

Al día siguiente Azazel retornó a su pueblo y les dijo a los humanos que buscaran piedras y trozos de árboles parecidos a sus flechas, los humanos jamás habían visto una flecha como la que usó Azazel, así pues, se confundían al escuchar las explicaciones de Azazel quien los acompañó en su búsqueda. Todos ayudaron al Vigilante en su búsqueda y así retornaron a la aldea con trozos de palos y piedras. Una vez allí, Azazel pidió a los hombres que prestaran atención pues les enseñaría una mejor manera de cazar, Azazel chocaba las rocas unas con otras logrando así afilarlas, luego las amarró usando ramas y creó la primera lanza para los humanos, quienes al verla no sabían cómo usarla, Azazel agarró la lanza y les mostró cómo se usaba, de esa manera los humanos entendieron la forma en que podrían beneficiarse de aquel gran invento, Azazel aseguró que gracias a eso los días de cacería serían más productivos, Saray agradeció a Azazel, su ayuda facilitaría a los hombres a conseguir alimento ya que estos para comer carne debían correr detrás de sus presas o peor aún, enfrentarse a ellas solo con rocas, Azazel se acercó a Saray y aseguró, los Vigilantes estaban allí para ayudarles, Azazel envió a los humanos a cazar y al poco tiempo regresaron con con tres grandes animales muertos, Azazel estaba contento por la labor de los humanos, estos cada día aprendían nuevas cosas y eso enorgullecía a Azazel quien pensaba que estaba haciendo un buen trabajo.

Inicia la historia

Penemue era uno de los Vigilantes, él estaba
contento por todo el progreso logrado por los
humanos, pero el deseo de ese Vigilante era que
la humanidad recordara por todas las
generaciones cómo habían conseguido aquel
progreso, fue entonces cuando Penemue tomó
unos cuantos trozos de árboles y los cortó
delicadamente creando así trozos de papel, de
esa manera se aseguraría de que todos esos
sucesos fuesen recodados por la humanidad.

En ese momento los humanos quienes
estaban siendo supervisados por Penemue
preguntaron qué era lo que estaba haciendo el
Vigilante, Penemue respondió, estaba
escribiendo todo lo que sucedía en los pueblos
humanos, de esa manera nadie olvidaría lo que
habían logrado con tanto sacrificio, los humanos
se mostraron en seguida motivados en aprender

todo sobre la escritura, era importante que las futuras generaciones recordaran ese momento tan glorioso para todos, Penemue les preguntó si estaban dispuestos a tomar el camino de la escritura y muchos aceptaron recibir clases, Penemue los mandó a recolectar trozos de papiro, les enseñaría a prepararlos para poder escribir.

Los primeros intentos de crear un papiro por parte de los humanos no fueron fáciles, debido a todas las técnicas que debían hacer, así pues, Penemue con mucha paciencia se dedicó a enseñarle a cada uno la manera correcta de hacerlo, entre todos destacaba una joven llamada *Enheduanna*, ella era tan inteligente y brillante que Penemue se quedaba impresionado. Luego de enseñarles a fabricar el papiro Penemue colocó en el fuego algunos trozos de madera, plantas y grasa de animales muertos, lo mezcló todo y creó una sustancia negra a la que llamó

Humo de negro, el cual fue usada junto con un *Càlamo* hecho por Penemue.

Las clases de escritura comenzaron, pero debido a la complejidad de esta muchos abandonaron las enseñanzas de Penemue, aunque, Enheduanna quien era constante con lo que hacía se dispuso a aprender de Penemue quien la tenía como a una discípula favorita debido a lo rápida e inteligente que era.

Enheduanna se acercaba constantemente a Penemue y preguntaba acerca de la vida de los Vigilantes, Penemue aseguraba que había cosas que no eran fáciles de explicar debido a que Enheduanna era humana y él un celestial, Enheduanna aseguró que escribiría todo lo que naciera de su imaginación, Penemue sonrió y salió volando de allí, debía seguir vigilando que los humanos hicieran su trabajo.

En ese momento al adentrarse al bosque observó un hermoso animal, era bastante grande y tenía unas hermosas plumas de color rojo, Penemue observó que ese animal soltaba sus plumas y decidió tomar una de ellas, así pues, con un trozo de su armadura, construyó una pequeña punta y la guardó consigo, pues era una excelente herramienta para escribir.

Reunión

Shemyasha observaba cada pueblo como de costumbre y citó a los Vigilantes al Monte, una vez todos allí Shemyasha los felicitó por su excelente labor, los Vigilantes se enorgullecieron por todo lo construido y cada uno dio su informe a Penemue quien se encargaría de escribir todo paso a paso, la humanidad iba surgiendo poco a poco, allí Azazel aseguraba que las personas de su pueblo tenían carne de sobra, se habían convertido en excelentes cazadores, Shamsiel aseguró que sus habitantes habían aprendido a leer las señales del sol, cosa que los había ayudado, *Sahari'el* les dio unas recomendaciones a los humanos bajo su cuidado para que estos trabajaran utilizado los ciclos de la luna, de esa forma sus cultivos serían prósperos y abundantes, *Kashdejan* no se quedó atrás, sus humanos habían aprendido el arte de la medicina y el uso fe en las plantas, Shemyasha pidió a todos que continuaran haciendo su trabajo, la humanidad se estaba encaminando por el buen sendero.

Los Vigilantes abandonaron el Monte y Shemyasha se dispuso a ir al lago una vez más, quería desviar un poco la trayectoria para desviar el curso del agua hasta los pueblos de los humanos, Shemyasha trataba de no pensar en lo ocurrido aquella vez.

Cuando estaba cerca de aquel lago escuchó un grito de ayuda, en seguida se dispuso a socorrer a esa persona, al volar sobre el bosque observó cómo aquella joven era perseguida por un enorme animal, de esa manera y al contrario que Azazel Shemyasha voló a toda velocidad y salvó a aquella joven tomándola entre sus brazos, ella en seguida lo abrazó, sintió miedo a las alturas, Shemyasha bajó junto con aquella joven, ella le agradeció por la ayuda, Shemyasha no sabía qué decir, jamás había estado en frente de una humana y menos de esa manera, Shemyasha agradeció las palabras de la joven y se quedó completamente paralizado, aquella mujer preguntó si su nombre era Shemyasha, el Vigilarte afirmó su nombre y ella, sin que nadie lo pidiera dijo su nombre, el cual era *Nekhbet,* Shemyasha mostró sus respetos a la joven y aseguró que debía retirarse, tenía que desviar las aguas del rio para que bajara a las demás aldeas, Nekhbet aseguró que ese era su lago favorito, ahí solía bañarse, si Shemyasha desviaba su curso el lago no volvería a ser el mismo, Shemyasha aseguró que no tenía opción, muchas personas se beneficiarían de eso, Nekhbet se acercó a Shemyasha y le pidió perdón, no sabía que traería beneficios para los demás, fue así como preguntó si conocía algún otro lago para bañarse, Shemyasha estaba completamente paralizado, aseguró que no conocía ninguno pero, debido al nuevo curso que el rio tomaría nuevos lagos serían creados y la naturaleza se tornaría más hermosa, Nekhbet peguntó si podría ir con él a ver cómo desaviaba el curso del lago, Shemyasha aceptó y el Vigilante la cargó nuevamente y la subió a un árbol gigante desde donde se podía ver todos los movimientos de Shemyasha quien con su espada rasgaba la tierra para que el agua fuese desviada, los demás Vigilantes entendieron lo que Shemyasha estaba haciendo y prepararon a sus habitantes para recibir las nuevas aguas, en ese momento Shemyasha se puso sobre aquel árbol gigante en donde estaba sentada Nekhbet quien estaba con las manos en su boca impresionada por todo el poder que tenía Shemyasha, el Vigilante se acercó a ella y le dijo que todo ese nuevo paisaje era completamente suyo para vivir, Nekhbet dio un cálido abrazo a Shemyasha en agradecimiento y el Vigilante comenzó a

temblar, no sabía cómo reaccionar ante esas
sensaciones humanas, en seguida llevó a
Nekhbet a su hogar y se marchó, huyendo al
Monte.

Ser atendido

Shemyasha voló rápidamente hasta el Monte, una vez ahí su pecho comenzaba a dolerle un poco más, las lágrimas salían de sus ojos y se recostó sobre la pared, podía sentir lo que estaba sucediendo, estaba enamorado de Nekhbet, pero aquel sentimiento no era propio de un Vigilante, se suponía que ellos estaban por encima de los humanos, ahora entendía la dura prueba por la que habrían de pasar los Vigilantes, Shemyasha quien estaba arrodillado intentaba pedir ayuda al Creador pero su remordimiento de conciencia le impedía continuar orando, ni siquiera podía mencionar su nombre, le era demasiado doloroso pensar que se había enamorado de una humana, criaturas quienes eran consideradas no merecedores de la gracia del Creador. Los días de Shemyasha fueron tristes después de aquel encuentro con la joven ya que siempre que salía a supervisar los pueblos humanos la joven lo saludaba y Shemyasha intentaba no verla, pero ese sentimiento tan humano ya estaba brotando dentro de él.

Una tarde Shemyasha quiso descansar en uno de los hermosos lagos creados por él, con sus cuerpos materiales el cansancio surgía entre los Vigilantes, Shemyasha recordaba en ese momento la manera en que Nekhbet se bañaba, Shemyasha sintió la curiosidad de meterse en el agua, fue ahí cuando Shemyasha se quitó su armadura y completamente desnudo se sumergió en aquel lago, Shemyasha comenzó a ver su cuerpo desnudo de una manera diferente, observaba sus rasgos y las características de ese cuerpo con gran detalle ya que aunque esos cuerpos fuesen prestados el sentimiento y la sensación era única, Shemyasha sabía que muy pocos Celestiales podrían sentir una experiencia como la suya, la cual era emocionante y triste a la vez.

Al salir a la superficie, Shemyasha en seguida notó que alguien lo estaba observando, en seguida le gritó que saliera de su escondite, fue entonces cuando Nekhbet salió y observó a Shemyasha y le preguntó si no estaba apenado de estar desnudo, Shemyasha aseguró no sentir vergüenza alguna, su cuerpo era simplemente materia, la desnudes significaba perfección, Nekhbet se quitó su manta y quedó completamente desnuda ante Shemyasha quien tuvo una erección en ese momento, Nekhbet en seguida le sugirió a Shemyasha que se metiera al agua, pero el Vigilante no sabía qué pasaba con su cuerpo, se sentía un poco caliente y su miembro por alguna razón no regresaba a la normalidad, Shemyasha decidió hacer caso a las palabras de Nekhbet y entrar en el agua, Nekhbet entró al agua junto con Shemyasha, quien aún no reaccionaba ante las sensaciones humanas, Nekhbet se acercó a él y detallaba poco a poco el rostro de Shemyasha quien tenía el cabello de color castaño claro y largo, ojos de color verdes cristal y piel blanca, Nekhbet quiso acariciar su cabello y Shemyasha no lo permitió, Nekhbet preguntó qué sucedía, Shemyasha aseguró que ellos no podían convivir tanto tiempo con los humanos, su misión era protegerlos y guiarlos, Nekhbet aseguró que reproducirse era parte de la vida, era normal que dos seres se enamoraran, Shemyasha aseguró que la unión entre un ser celestial y una humana era simplemente imposible, ambos venían del mismo Creador pero jamás podrían unirse, Nekhbet se conformó solamente con tocar el rostro de Shemyasha quien al sentir aquella caricia tomó la mano de Nekhbet asegurando que ya era suficiente, Nekhbet siguió las palabras de Shemyasha y dijo que no había problema alguno, pero ella admitió que ahora todos se sentían más seguros gracias a la presencia de los Vigilantes quienes estaban allí para protegerlos de todo.

Shemyasha regresó al Monte, ese día estaba lloviendo, ahí, en una pequeña cascada su reflejo observaba, las lágrimas nuevamente caían, Shemyasha estaba confundido, triste y sin nada qué hacer, aunque veía el reflejo de su cuerpo material su verdadero rostro estaba detrás de él, un ser perfecto y celestial sin igual, hablaba consigo mismo para intentar consolarse, su existencia era divina, pero al mismo tiempo injusta, durante el principio de su creación había solamente amado al Creador y ese viaje había despertado sentimientos dentro de él que jamás había sentido, lloraba y clamaba para quemar ese sentimiento de pecado dentro de sí, la lujuria se encaminaba por su mente como una serpiente, pero ya su tristeza comenzaba a notarse, al ser sus cuerpos similares al de los humanos y al desviarse de la gracia del Creador sus ojos fueron tomando otra forma, su mirada ya era como la de los humanos, mostraban cierto misterio en sus ojos y la mirada angelical poco a poco quedaba atrás.

Culpable pero no solo

Shemyasha tardó algunos días en reponerse, los demás Vigilantes seguían cumpliendo con su trabajo mientras que Shemyasha se mantenía solo en el Monte, estaba completamente desnudo y su armadura a un lado, esta reflejaba su cuerpo, su cuerpo extremadamente perfecto, Shemyasha quedaba hipnotizado por su apariencia, durante horas veía su reflejo y se imaginaba al lado de Nekhbet, pero de vez en cuando retornaba el sentimiento de culpabilidad y las lágrimas caían nuevamente, fue en ese momento cuando apareció Shamsiel quien tenía todo este tiempo observando la manera en que Shemyasha lloraba, se acercó a él y le preguntó qué sucedía, no entendía la razón de tanto llanto, Shemyasha se acercó a Shamsiel y aseguró que hay cosas que es mejor no saber, Shamsiel dio a entender que Shemyasha tenía demasiado

tiempo con ese dolor, tal vez era momento de
compartirlo con alguien, fue en ese entonces
cuando los demás Vigilantes aparecieron,
Shemyasha entre lágrimas preguntó cuál era la
razón de su visita, todos en ese momento
preguntaron a Shemyasha cuál era la razón de
su tristeza, los principales líderes de los
Vigilantes estaban ahí presentes y animaron a
Shemyasha a confesarles la verdad, no debía
avergonzarse por sus pensamientos, Shemyasha
aseguró que, las hijas de los hombres realmente
eran hermosas, los Vigilantes en seguida
comenzaron a hablar entre ellos, Azazel se
levantó entre todos y aseguró que nadie podría
juzgar a Shemyasha, los demás Vigilantes en
ningún momento habían juzgado a Shemyasha,
incluso, todos pensaban igual que él, las hijas de
los hombres eran hermosas, los Vigilantes
comenzaron a confesar realmente lo que sentían,
en cada pueblo, en cada parte las mujeres eran

más hermosas, pero nadie se atrevía a decir absolutamente nada debido a los problemas que podrían traerles, Sahari'el y Azazel junto a Penemue aseguraron que ellos también sentían los mismos deseos que los demás, pero que nadie podría juzgarlos por eso, muchos de los Vigilantes se sintieron mal por la depresión la cual afectaba a Shemyasha, quien al ver que los demás Vigilantes sufrían igual o hasta más que él se levantó limpiando sus lágrimas y les dijo a todos que, las hijas de los hombres eran hermosas, ellos las deseaban más que nadie, el deseo de estar con ellas era inevitable y la posibilidad de engendrar hijos estaba al alcance de su mano, Shemyasha continuó su discurso asegurando que aunque todos habían sido honestos tenía un profundo miedo, ya que al ser su jefe temía que solamente él sería capaz de cumplir aquello que por amor estaba a punto de hacer y ser el único culpable de todo, los demás

Vigilantes aseguraron que Shemyasha no estaba solo en sus pensamientos, todos pensaban exactamente igual que él, fue de esa manera en que todos sacaron sus espadas y acordaron, unos con otros, a comprometerse bajo juramento para ejecutar lo que sus deseos les ordenaban, uno a uno, con sus espadas, juntaron sus manos derechas, creando así la marca de un juramento el cual los incluía a todos bajo una *Anatema* en el *Monte Hermón*, llamado así porque fue allí en donde todo había comenzado, doscientos eran en total todos esos Vigilantes, quienes después de jurar observaron como una luz roja salía del Monte Hermón, los humanos estaban asustados y enseguida fueron hasta el inicio de aquel Monte repletos de comida y dispuestos a ayudar a los Vigilantes, Shemyasha, su líder, volteó a ver los rostros de los demás Vigilantes y ahí los ojos de estos comenzaron a cambiar, ya tomaban características más humanas, pero sus rostros seguían siendo perfectos.

Los Vigilantes bajaron de aquel Monte y observaron a los humanos, ellos les imploraban que por favor no se molestaran con y que disculparan todas sus ofensas, Shemyasha se acercó a ellos y les aseguró que los Vigilantes no estaban molestos con los humanos, al contrario, esa noche Shemyasha cenaría con todos ellos y les aseguraba que sería una noche inolvidable, los humanos se contentaron y regresaron a sus pueblos, debían preparar todo para la cena de los Vigilantes, harían lo posible por complacerlos.

Veneno

La celebración comenzó y muchas personas
estaban ahí, un hombre se levantó y propuso un
brindis para honrar a los Vigilantes, entonces
una hermosa mujer sirvió un poco de agua con
algunas plantas a los Vigilantes, quienes el ver
las primitivas herramientas de los humanos
usaron sus poderes para crear copas dignas para
ellos, cuando todos brindaron los Vigilantes se
vieron los unos a los otros, jamás habían bebido
nada, así pues Azazel tomó el primer sorbo y los
demás le siguieron, Shemyasha bebió y
enseguida todos se ahogaron y los humanos
comenzaron a reír, todos la primera vez siempre
se ahogaban, los Vigilantes comenzaron a comer
y a beber junto a los humanos, en ese momento
Shemyasha, quien estaba un poco mareado
llamó a un hombre, su nombre era *Jubal,*
Shemyasha puso su mano en su hombro y

transfirió cierto conocimiento a Jubal, Shemyasha construyó una pequeña *Arpa* y se la dio a Jubal quien comenzó a tocar aquel instrumento, las personas estaban fascinadas por la forma en que Jubal tocaba ese instrumento, jamás nadie había visto ni escuchado nada parecido, los demás Vigilantes tomaron a sus mujeres y les enseñaron a bailar, Penemue tomó a Enheduanna y comenzó a enseñarle a bailar, Enheduanna se reía pues no estaba acostumbrada a eso y Penemue aseguraba que él tampoco, pero de igual manera querían pasar una noche hermosa, Azazel no dudó ni un segundo y tomó a Saray por la mano para bailar con ella, la comida y de la música hacía efecto en todos los Vigilantes quienes uno a uno se fueron retirando con sus mujeres, Shemyasha observó a Nekhbet quien lo guio hasta el bosque, la luna estaba en su máximo esplendor, Nekhbet pidió a Shemyasha que bailara con ella, Shemyasha aceptó y junto a Nekhbet comenzó a bailar, Shemyasha usaba sus alas para elevarse junto con Nekhbet hasta los cielos, para él era un momento mágico, por fin podría estar al lado de su amada, Shemyasha bajó junto con Nekhbet y ambos se veían fijamente, Nekhbet preguntó si había cambiado de opinión, Shemyasha aseguró que nadie los podría separar de ahora en adelante, Shemyasha acercó su rostro a Nekhbet y besó sus labios, las alas del Vigilante arropaban a Nekhbet quien era desnudada por Shemyasha, en el momento del acto, la mente de Shemyasha se descontroló, tuvo visiones del futuro, recordaba lo que había vivido, podía verse atado con unas cadenas, podía ver a sus futuros hijos, Shemyasha no entendía las visiones, mientras tanto Nekhbet gritaba de placer, confesó que desde aquel primer encuentro ella estaba enamorada de Shemyasha, el Vigilante aseguró que su amor era mutuo, jamás había dejado de pensar en ella desde que la vio. Aquel amor se consumó durante toda la noche, Shemyasha era insaciable, Nekhbet aseguraba ser virgen y Shemyasha sonreía mientras que afirmaba que él también era virgen.

Aquella noche fue cuando esos seres, quienes vinieron con buenas intenciones y a ayudar a la humanidad se desvarían de su camino, dejando atrás toda promesa hecha al Creador de cuidar y de guiar por el buen camino a la humanidad.

Enseñanzas

Azazel quien aquella noche había tomado a
Saray para él quiso casarse con ella, la joven
aceptó y el padre de ella preguntó a Azazel si El
Creador daba el visto bueno ante esta unión, el
Vigilante no era un humano sino un ser celestial,
Azazel se acercó un poco intimidante al padre de
Saray y aseguró que eso ya no era un problema,
los Vigilantes estaban ahí para quedarse y
formarían su linaje junto a las hijas de los
hombres, el padre de Saray no preguntó
nuevamente y mientras Azazel se disponía a
vigilar a los demás humanos, el padre fue en
seguida a hablar con Saray quien aseguró estar
enamorada de Azazel, pero su padre le pidió
que por favor no se uniera al Vigilante, estaba
seguro de que El Creador no aprobaba esa
unión, pero Saray no hizo caso a las palabras de
su padre y se marchó de su hogar, ahora de iría a

vivir junto con Azazel, en ese momento un hombre llamó a Azazel quien bajó desde los cielos y preguntó al hombre en qué podría ayudarle, ese hombre aseguró, un joven había amenazado a su hijo, Azazel preguntó si sabía quién era aquel hombre, pero no consiguió darle una respuesta, fue así como Azazel se encaminó hasta el hogar del hombre quien se identificó como *Lamec*, Azazel entró a su hogar el cual no le pareció agradable, pero ahí estaba su hijo llamado *Tubalcain,* Azazel preguntó qué había sucedido y Tubalcain comentó lo ocurrido, Azazel les dijo que él no podría estar ahí siempre para ellos, Tubalcain preguntó a Azazel cómo podrían defenderse en caso de que aquel joven regresara para amenazarlos, Azazel condujo a Tubalcain hasta una montaña cerca de donde ellos vivían, Azazel tomó su espada y la clavó en el suelo, una explosión ocurrió, el Vigilante había desgarrado la montaña, ahí Azazel mostró

unas rocas de un color rojizo, Tubalcain
preguntó por qué le daba ese trozo de roca, pero
Azazel aseguró que no se trataba de una piedra,
era un elemento utilizado para crear
instrumentos de defensa, Tubalcain seguía sin
entender, así pues, Azazel creó un fuego el cual
no parecía apagarse, Azazel se sentó un buen
rato al lado de Tubalcain quien veía y aprendía
cómo Azazel trabajaba ese mineral, el cual ardía
y su color era rojo.

Después de un largo día de trabajo, estaba
ahí, el primer instrumento de defensa era un
poco más pequeña que la espada de Azazel
quien la sumergió en agua, ya estaba lista para
usar, Tubalcain la agarró y Azazel sacó su
espada, debía enseñarle a Tubalcain cómo usar
la espada. Azazel después de enseñarle unas
cuantas lecciones a Tubalcain le recalcó que
debía usar esa espada solamente en defensa

propia y con honor, Tubalcain entendió eso y se marchó a su hogar con todos los conocimientos.

Al llegar a su hogar Tubalcain explicó a su padre todo lo aprendido por Azazel, en seguida Lamec vio aquella espada y la tomó observándola con curiosidad, Tubalcain fue a descansar, las enseñanzas de Azazel eran productivas pero agotadoras.

Azazel se marchó dejando a Tubalcain con aquel conocimiento de la metalurgia, el Vigilante se dispuso a vigilar su pueblo.

Al terminar fue hasta donde su querida Saray quien lo esperaba alejada de su hogar, Azazel se puso en frente de ella y le preguntó el motivo de su tristeza, Saray confesó lo ocurrido con su padre, Azazel lo sabía, el padre de Saray no aprobaba su matrimonio, Azazel aseguró que no debía preocuparse, Azazel construiría un hermoso hogar a las afueras de la aldea, de esa manera nadie los molestaría.

Una vez despierto Tubalcain observó a los cazadores de su pueblo quienes estaban molestos debido a que sus armas para cazar eran poco resistentes, muy eficaces pero su durabilidad era su desventaja, Tubalcain recordó lo aprendido por Azazel y reunió a los cazadores para que estos le ayudaran.

Tubalcain fue el día siguiente hasta aquella montaña destruida por Azazel, Tubalcain ordenó a los cazadores recolectar la mayor cantidad de aquellas rocas de color rojo, los cazadores comenzaron a burlarse de Tubalcain, esos hombres no entendían el poderoso objetivo que el hijo de Lamec tenía en mente, los cazadores recolectaron gran cantidad de rocas rojas y la llevaron hasta el hogar de Tubalcain, en seguida con la ayuda de los cazadores comenzó a trabajar aquellas rocas, los demás hombres observaban durante horas la forma en que Tubalcain transformaba ese trozo de roca en un líquido rojo y ardiente.

Unas horas más tarde, Tubalcain mostró a aquellos cazadores sus nuevos instrumentos para cazar, aquellas puntas afiladas se veían más eficaces que las de piedra, Tubalcain tomó trozos largos de madera delgadas y amarró estas nuevas puntas creado una lanza, los cazadores comenzaron a aprobar estas nuevas herramientas y quedaron maravillados, realmente eran resistentes, Tubalcain parecía una mente brillante cuando se trataba de la metalurgia, se dedicaba a visitar el pueblo preguntando a sus habitantes si necesitaban instrumentos para trabajar, Tubalcain se las ingeniaba para construir cualquier tipo de instrumento para trabajar, incluso su hermano llamado *Jabal* quien se dedicaba a trabajar en el campo con animales pidió ayuda de Tubalcain para crear herramientas y de esa manera hacer el trabajo más fácil y productivo.

Creación de la comunidad

Shemyasha volaba vigilando todos los pueblos y observaba los puntos débiles de cada uno, los demás Vigilantes habían instruido a sus pobladores para hacer la vida humana más productiva, fue así como Shemyasha convocó a todos los Vigilantes, tenía una idea brillante.

Una vez todos reunidos en el Monte Hermón Shemyasha sugirió crear una gran comunidad, había notado que todos los pueblos tenían ciertos métodos de trabajo, había una gran variedad, lo que Shemyasha quería era que todos los humanos compartieran sus conocimientos adquiridos, de esa manera los problemas serían solucionados con mayor facilidad, los Vigilantes estaban de acuerdo, Shemyasha tenía un plan en mente y lo explicó a sus Vigilantes, si el hombre lograba aprender a trabajar por sí solos sin la ayuda de los

Vigilantes todo sería más fácil para ellos, ya que si comenzaban a usar su inteligencia los Vigilantes podrían quedarse más tiempo junto a sus esposas sin necesidad de vigilar a los humanos, Azazel aseguró que la idea de Shemyasha era buena, todos debían cooperar con eso, así, los Vigilantes crearían enlaces entre los diferentes pueblos para lograr su cometido.

Poco a poco, los pueblos comenzaron a compartir toda la información aprendida por los Vigilantes, quienes al ver a los humanos mejoraban sus técnicas de trabajo se sintieron orgullosos.

Shemyasha llegó hasta su amada Nekhbet, ahí ella lo acarició y aseguró tenerle una noticia, Shemyasha se acercó a su mujer y preguntó qué sucedía, Nekhbet estaba embarazada, Shemyasha estaba sin palabra, no sabía cómo reaccionar ante tal noticia, fue completamente desprevenido y a la vez emocionante,

Shemyasha dio un fuerte abrazo a Nekhbet asegurando que el futuro de la humanidad cambiaría para siempre.

Shemyasha salió de su hogar y se encaminó hasta una montaña, una vez tocó el suelo usó su espada para abrir un gran agujero, Shemyasha bajó a través de aquel agujero y llegó hasta lo más profundo y agarró una roca la cual tenía un color dorado, en seguida voló hasta el pueblo de su compañero Azazel, el Vigilante lo recibió con amabilidad y preguntó en qué podría ayudarle, Shemyasha le entregó aquella roca a Azazel y aseguró que solamente él podría preparar prendas únicas, Azazel aseguró que haría todo lo posible para crear una hermosa prenda para su compañero, Shemyasha acompaño a Azazel, ambos se encaminaron hasta el hogar de Tubalcain, Azazel presentó a ese humano como el padre de la metalurgia, Shemyasha estaba encantado de conocerlo, Azazel trabajó durante horas con Tubalcain quien aprendía a trabajar el oro para dejarlo perfecto. De aquel trozo de piedra salieron cuatro hermosas prendas, una esclava de tres espirales, un par de pendientes, una hermosa cadena y un anillo, Shemyasha quedó encantado con el trabajo de Azazel y tomó aquel anillo y lo puso en las manos de Azazel, Shemyasha le regaló el anillo a Azazel para que él lo conservara, Azazel dio las gracias a su compañero y Shemyasha se marchó, Azazel tocó el hombro de Tubalcain argumentando que ya era un experto en su trabajo.

Shemyasha llegó hasta su hogar y observó a su encantadora mujer, Shemyasha la veía hermosa y aseguró que le daría un secreto para que su belleza aumentara, Shemyasha frotó sus manos y de ellas salía una especie de polvo de color oscuro, Shemyasha se acercó a Nekhbet y colocó aquel polvo en el rostro de Nekhbet quien entre risas preguntaba a Shemyasha qué estaba haciéndole, Shemyasha al terminar invitó a Nekhbet a observar su reflejo a través de la radiante armadura del Vigilante, Nekhbet quedó impactada, su rostro había cambiado drásticamente, su belleza había aumentado considerablemente.

Shemyasha no sabía lo que había hecho ya que la vanidad de Nekhbet había aumentado de un momento para otro, ahora la doncella pretendía ir al pueblo, quería mostrar a todos su belleza.

Uso de la enseñanza

Azazel ubicó su hogar junto a un hermoso lago en una colina, muy cerca del pueblo, en ese momento un humano llegó hasta su hogar, Azazel en seguida preguntó qué sucedía, cuál era el motivo de su desespero, aquel hombre aseguró que la presencia de Azazel era requerida en el pueblo, Azazel se encamino al pueblo junto con aquel hombre, una vez ahí Tubalcain estaba junto con su padre Lamec, quien al ver a Azazel gritó: - *Si Caín fuese sido vengado siete veces, entonces Lamec lo sería setenta veces siete-*, Azazel preguntó qué había sucedido y Lamec admitió su crimen, había asesinado a un hombre usando aquella espada de Tubalcain por haberle herido, en ese momento llegó Shemyasha y observó a Lamec gritando aquella frase una y otra vez, Shemyasha mando a callar a Lamec quien al escuchar las palabras del Vigilante se sintió intimidado y guardó silencio, los demás Vigilantes comenzaron a llegar y las personas se amontonaban para escuchar sus palabras, Shemyasha explicó la frase de Lamec a los demás Vigilantes, ellos sabían de la importancia del número siete, Lamec al parecer tenía conocimiento sobre el número ya que al lanzar aquellas palabras nadie se atrevía a castigarlo, ni siquiera los Vigilantes, fue así como Shemyasha explicó a todos que los Vigilantes habían llegado para ayudarles, contribuyeron con sus enseñanzas e hicieron sus vidas más eficientes, pero ya era momento de que los Vigilantes hicieran su propio destino, los humanos ya tenían suficientes herramientas y conocimientos para valerse por sí solos, las personas entendieron el mensaje de Shemyasha quien para celebrar y olvidar lo sucedido anunció una gran fiesta, debía darle una gran noticia a todos.

Azazel y los demás Vigilantes se reunieron junto a Shemyasha para felicitarlo, ninguno de los Vigilantes sabía si castigar a Lamec o no, usar el número siete en defensa era sagrado y preferían no meterse en ese problema, Shemyasha aseguró, la mejor manera de evitar ese conflicto era dejándolo pasar, los Vigilantes fueron hasta sus hogares y vistieron a sus mujeres con hermosas telas y aplicaron en ella perfumes y levantaron la seguridad de todas ellas.

Al llegar la noche todos observaban a las esposas de los Vigilantes quienes en poco tiempo aumentaron su belleza utilizando finas ropas y piedras preciosas, las demás mujeres se acercaban a ellas para preguntar cómo habían logrado eso, las esposas de los Vigilantes compartieron sus secretos con las demás mujeres quienes estaban encantadas de aprender nuevas cosas de las esposas de los Vigilantes, pero quien se veía más hermosa que todas era Nekhbet, ella inspiraba la envidia de las otras mujeres debido a su belleza.

Shemyasha se levantó ante todos y dio la noticia, su querida Nekhbet estaba esperando un hijo, todos enseguida festejaron y Shemyasha al parecer no era el único, ya que muchos Vigilantes revelaron que también estaban esperando hijos, Shemyasha estaba contento por eso, era el comenzar de una nueva era, una nueva raza estaba por llegar al mundo, Shemyasha y sus Vigilantes crearían un legado, fue así como los meses transcurrieron y los Vigilantes trajeron a sus hijos al mundo, el hijo de Shemyasha fue llamado *Karttikeya*, era muy hermoso y fue el primero en nacer, era corpulento y con cabello oscuro, Shemyasha al cargarlo lloró de alegría, la sensación de ser padre simplemente era lo mejor que había sentido en su existencia, Nekhbet estaba acostada, Shemyasha se acercó a ella con su hijo, los tres se abrazaron y Shemyasha voló por el cielo rápidamente creando así una línea dorada en honor a su hijo nacido, los demás Vigilantes con sus espadas lanzaban rayos dorados al cielo para felicitar y celebrar el nacimiento del hijo de Shemyasha.

Azazel por su parte se alegró por Shemyasha, y se preparaba ya que dentro de poco nacería su hijo, en ese momento Saray, quien gracias a Azazel había teñido su cabello apareció detrás del Vigilante y preguntó si estaba preparado para ser padre, Azazel la observó fijamente y aseguró que sería el mejor de todos ellos.

Nuevas tierras

Shamsiel llegó hasta el hogar de Shemyasha, el
Vigilante había hecho un descubrimiento, a unos
pocos días de allí se encontraban otros pueblos
humanos, las señales del sol así lo habían
revelado, Shemyasha fue al Monte Hermón y
convocó a los demás Vigilantes para hacer una
visita a las nuevas tierras, Azazel sugirió que
debían ir a hacerles una visita, los demás
Vigilantes estaban de acuerdo, fue así como
Shemyasha nombró a Azazel para esa nueva
expedición, Azazel dudó sobre esto, no quería
dejar a Saray y a su hijo *Marte* solos, Shemyasha
aseguró que podría llevarla con él si así lo
deseaba, Azazel se comprometió a ir solo por
unos días, luego regresaría con su mujer,
Shemyasha aceptó, así fue como dividió a sus
Vigilantes para que estos fueran a visitar a los

otros pueblos humanos mientras él se quedaba solo con algunos Vigilantes.

Azazel fue a darle la noticia a Saray quien se enojó con Azazel, no quería que su amado compañero se marchara dejándola sola, Azazel no tenía opción, debía cumplir la misión de Shemyasha, el pequeño Marte fue abrazado por Azazel quien le aseguró, en unos cuantos días regresaría de nuevo con su familia.

De esa manera Azazel junto a diez de sus Vigilantes se encaminaron hasta las tierras lejanas, Shamsiel, Ar'taqof, *Daniel* y los demás Vigilantes formaron grupos de diez para ir a explorar esas esas tierras, Shemyasha observaba a sus Vigilantes partir mientras él se quedaba en su hogar junto a su hijo.

Después de un largo camino, Azazel llegó hasta su destino, una vez ahí tocó el suelo y las personas se quedaban viéndolo con gran impacto, muchos se arrodillaron ante Azazel y sus Vigilantes, Azazel en seguida observó a sus compañeros Vigilantes quienes tenían la mirada llena de lujuria al igual que Azazel, las mujeres de ese pueblo eran incluso más hermosas que en donde vivían sus mujeres. Los hombres de esos pueblos tenían costumbres diferentes, Azazel en seguida les dio a entender que estaban allí para ayudarlos, los hombres de esos pueblos agradecieron la ayuda de Azazel quien no quitaba la vista de aquellas mujeres.

Azazel llevó algunas herramientas de trabajo y les invitó a que visitaran el pueblo en donde él estaba viviendo, los aldeanos se quedaron sorprendidos, no sabían que existían otros pueblos a parte del suyo, Azazel preguntó si podría pasar unos días en su pequeño pueblo, en seguida los hombres les prepararon todo para que los Vigilantes se quedaran, en ese momento Azazel conoció a la esposa de uno de los hombres llamado *Absalón,* Azazel intentó controlarse, la mujer era verdaderamente una belleza, los Vigilantes entraron a su morada y pidieron no ser molestados por un tiempo, las personas aseguraron que no los molestarían.

Azazel no dijo nada, pero los demás Vigilantes comentaban lo encantado que estaban con todas esas hermosas mujeres, todos pidieron permiso a Azazel para poder estar con algunas mujeres en ese pueblo, Azazel comenzó a sonreír mientras aseguraba que él ya tenía una mujer y un hijo, los demás Vigilante comenzaron a sonreír, aseguraban que Azazel no había quitado los ojos de la esposa de Absalón, Azazel volteó su rostro y les confirmó, esa mujer era muy hermosa para estar con un mortal, los Vigilantes pensaban igual que Azazel, por esa razón al día siguiente darían un paseo por el aquel lugar, después, planearían una estrategia para poder estar con esas mujeres. El día comenzó y los Vigilantes se dispusieron a conocer todo aquel poblado, sus habitantes eran personas buenas y se mostraban atentos a las órdenes de los Vigilantes, ellos enseguida preguntaron cuáles eran sus herramientas para cazar, las personas aún usaban piedras y palos, Azazel sacó unas cuantas puntas hechas por Tubalcain y les enseñó a trabajar el hierro, los demás Vigilantes ayudaban a los aldeanos con sus conocimientos y en unos cuantos días aquella aldea había progresado, Azazel entonces se acercó a la hermosa mujer de Absalón y preguntó su nombre, *Hefziba* respondió aquella mujer, Azazel preguntó desde hace cuánto tiempo estaba casada, Hefziba le hizo saber a Azazel que las mujeres de allí todas estaban comprometidas desde niñas, por esa razón la aldea estaba muy poblada, nadie se quedaba sin pareja, Azazel entendió eso y pidió disculpas, no era su intención ofenderla, Hefziba no se sentía ofendida, al contrario, estaba advirtiéndole a

Azazel que si quería un encuentro romántico con alguna mujer debía alejar a su esposo de allí, Azazel no podía creer las palabras de esa mujer, Azazel preguntó por qué ella le decía todo eso, Hefziba aseguraba que desde hace años, deseaba tener un hijo, pero su esposo jamás había podido tener uno con ella, Azazel entendía eso, fue así como Azazel regaló un poco de polvo para maquillar a Hefziba, le enseñó a usarlo y le invitó a compartirlo con las demás mujeres, Hefziba agradeció a Azazel quien en el fondo, ya tenía un plan, solamente tenía que convencer a sus Vigilantes de que lo apoyaran.

Guerras causadas

Los Vigilantes del grupo de Azazel continuaron con sus labores mientras observaban a las mujeres quienes gracias a Hefziba consiguieron aumentar su belleza, incluso los hombres de las aldeas las notaban más hermosas, los Vigilantes ahora estaban desesperados, todos veían a Azazel y pedían sus instrucciones, él estaba contento, su plan había funcionado, al darle el polvo a Hefziba ella lo distribuyó y había aumentado la belleza de las mujeres, los deseos de los Vigilantes había aumentado y pidieron a Azazel que elaborara un plan, pero en ese momento unas luces se podían ver en el horizonte, Azazel y los demás Vigilantes vieron a sus demás colegas acercarse, se trataba Ar'taqof y sus Vigilantes, Azazel no sabía si alegrarse o molestarse ya que no quería compartir las mujeres de esa aldea con nadie,

Ar'taqof saludó con gran aprecio a sus
compañeros y en seguida los veinte Vigilantes se
reunieron, Azazel preguntó cómo estaban las
cosas es su pueblo, Ar'taqof aseguraba que su
aldea era preciosa, los lagos abundaban y la
comida no era un problema, Azazel preguntó a
qué se debía su visita, Ar'taqof habló con
claridad, las mujeres de aquella aldea eran
preciosas, la mayoría de ellas eran vírgenes y
tenían que esperar a que sus padres decidieran
con quién se iban a casar, los Vigilantes de
Ar'taqof estaban enfermos de lujuria, por esa
razón se acercaron al pueblo de Azazel para
pedir su ayuda, Azazel ya tenía un plan en
mente, explicó a sus compañeros, si los hombres
eran el problema, debían entonces deshacerse de
ellos, los Vigilantes se quedaron sin palabras, no
entendían a qué se refería Azazel quien explicó a
sus Vigilantes, podrían crear una guerra ficticia
entre ambos pueblos, de esa forma los hombres

se matarían entre ellos dejando a las mujeres solas, los Vigilantes dudaban sobre el plan de Azazel y él les aseguraba que esa era la única manera, Azazel preguntaba a todos los Vigilantes si pensaban que nunca se iban a ensuciar las manos de sangre, Ar'taqof tampoco estaba convencido del plan pero su lujuria lo cegó por completo, preguntó a Azazel qué debían hacer, Azazel les sugirió ir nuevamente a su aldea y advertir a los hombres que serían atacados, Ar'taqof debía armar a todos aquellos hombres y enviarlos a pelear, de igual forma Azazel enviaría a los hombres de su aldea a pelear, así todos se matarían entre ellos, los demás Vigilantes estaban sin palabras ante el sangriento plan de Azazel quien aseguraba que los Vigilantes no mancharían sus manos de sangre, los humanos serían quienes pelearan, los Vigilantes sintieron alivio al escuchar eso, así que pusieron su plan en marcha, Ar'taqof armaría a todos sus hombres y los enviaría a pelear en contra de los hombres de la aldea de Azazel, de esa manera podría quedarse con todas las mujeres de aquel pueblo.

Azazel despidió a sus compañeros y los hombres se acercaron a ellos, Absalón preguntó a Azazel qué estaba sucediendo, Azazel lo observó fijamente asegurando que sus compañeros les advirtieron, la aldea sería atacada dentro de poco, Absalón se quedó sin palabras, preguntó por qué esos hombres irían a atacarlos, ellos eran una aldea pacífica y no tenían problemas con nadie, de hecho, ni siquiera sabían de la existencia de otras aldeas, Azazel aseguró que no debían preocuparse, ellos les ayudarían a defenderse, Absalón se sintió tranquilo y en seguida avisó a los demás hombres del ataque, todos se preocuparon, en seguida los Vigilantes y Azazel pusieron manos a la obra y llevaron a los hombres a las montañas para recolecta hierro y construir armas, Azazel al igual que hizo con Tubalcain, enseñó a todos a fabricar espadas y escudos.

Las mujeres del pueblo se preocuparon por sus hombres ya que nadie sabía cuándo sería el ataque ni cuantas vidas cobraría, en ese momento a escondidas, llegó un mensajero de Ar'taqof, el Vigilante preguntó a Azazel si sus hombres estaban listos, Azazel aseguró que, en dos días podrían verse a mitad del camino, lejos de ambas aldeas, de esa manera se asegurarían de que ambos bandos se enfrentaran, el mensajero voló nuevamente a su aldea para entregar el mensaje a Ar'taqof.

Azazel observó a todos aquellos hombres quienes estaban armados, la sed de sangre y el miedo se podía ver en sus rostros, los Vigilantes iban volando enfrente de ellos para guiarlos y comandarlos. Después de dos días de camino, enfrente del ejército de Azazel se encontraban los hombres de Ar'taqof, quienes observaban a los guerreros de Azazel, el Vigilante les dijo que esos hombres querían atacar la aldea y matarlos a todos, los hombres en seguida se enfurecieron y comenzó la batalla, Ar'taqof y sus Vigilantes estaban en una colina a la cual llegaron Azazel con sus compañeros Vigilantes, desde lo alto todos veían la forma tan cruel en que los hombres se mataban sin piedad entre ellos, uno de los Vigilantes preguntó si ya podían irse a estar con sus mujeres, Azazel aseguró que debían esperar el fin de la batalla, Ar'taqof preguntó qué tenía en mente, Azazel le sugirió esperar.

Cuando la batalla terminó los hombres de Ar'taqof fueron los victoriosos mientras que los hombres de Azazel corrían por sus vidas, Ar'taqof se molestó y aseguró que los hombres de Azazel eran unos cobardes, ellos debían pelear hasta morir, Azazel sugirió a Ar'taqof encargarse de sus hombres mientras Azazel se encargaba de los suyos, Ar'taqof no entendía las palabras de Azazel quien aseguró, ya era momento de poner manos a la obra, Azazel voló sobre sus hombres y preguntó por qué se retiraban, Absalón aseguró que habían perdido la batalla, aquellos hombres los habían derrotado, Azazel les ordenó dar la vuelta y seguir peleando pero los hombres no estaban dispuestos a obedecer a Azazel, fue entonces cuando el Vigilante, molesto por todo lo ocurrido sacó su espada y la enterró en el pecho de Absalón, aquel hombre derramó unas lágrimas y preguntó a Azazel - ¿Por qué?- Azazel se acercó a él y le susurró -*Para fornicar con tu esposa*-, Absalón no podía creer eso y simplemente cayó muerto, Azazel comenzó a asesinar a todos aquellos hombres sin piedad alguna, recordando aquel odio que sintió el día de la creación de *Adam*, le resultaba humillante postrarse ante una criatura tan despreciable como los humanos, los demás Vigilantes de Azazel comenzaron a asesinar junto con su líder a los humanos restantes, Ar'taqof estaba sin palabras y huyó a su pueblo, pero Azazel al ver que Ar'taqof no se ocupaba de sus hombres él con sus demás Vigilantes se dispusieron a exterminarlos a todos.

Un trato indecente

Luego de terminar de liquidar a los hombres de
Ar'taqof, Azazel se dispuso a volar hasta el
pueblo de Ar'taqof, una vez los alcanzó Azazel
quien estaba cubierto de sangre al igual que
todos sus Vigilantes preguntaron a Ar'taqof por
qué no había asesinado a sus hombres, los
Vigilantes y Ar'taqof estaban sin palabras, no
podían ver a los ojos a Azazel quien se había
salido de control, en vez de castigar a Ar'taqof
haría algo mejor, entraría al pueblo de Ar'taqof y
tomaría a todas las mujeres durante siete días, de
esa manera castigaría a Ar'taqof por su traición,
los demás Vigilantes compañeros de Ar'taqof se
molestaron por eso pero ninguno se atrevía a
contradecir las palabras de Azazel quien en
seguida sin perder el tiempo comenzó a fornicar
con todas las mujeres posibles al igual que sus
Vigilantes. Durante siete días Azazel y aquellos

Vigilantes se corrompieron en todas formas con aquellas mujeres, Ar'taqof y sus Vigilantes solamente se dedicaban a esperar que pasaran los siete días para que Azazel terminara.

Fue así como al séptimo día en la noche Azazel y sus Vigilantes abandonaron aquella aldea y se posicionaron en frente de Ar'taqof quien miraba con enojo a Azazel por lo que había hecho, Azazel comenzó a reír y aseguró que ahora era su turno, pidió a Ar'taqof que no se preocupara, ya que ellos habían sido tiernos con todas esas vírgenes, Ar'taqof se quedó sin palabras al igual que sus Vigilantes, Azazel sonrió junto con sus compañeros y voló con destino a su aldea.

Al momento de la llegada a la aldea las mujeres preguntaron qué había sucedido con todos sus hombres, Azazel les dio a entender que todos estaban muertos, pero para consuelo de todas ellas las protegerían de todo mal, las mujeres comenzaron a llorar mientras los Vigilantes intentaban consolarlas, Azazel observó a Hefziba quien preguntó por su esposo, Azazel entre risas aseguró que ya no lo vería nuevamente, Hefziba derramó unas cuantas lagrimas mientras Azazel comenzaba a quitarse su armadura y aseguraba que había esperado demasiado tiempo para eso y unas cuantas lagrimas no lo iban a detener, así Azazel tomó a la esposa del difunto Absalón mientras ella se arrepentía por lo que había hecho, ella tenía sospechas de que Azazel había asesinado a todos los hombres de la aldea. Azazel al igual que sus Vigilantes usaron perfumes y maquillajes para seducir a las mujeres, algunas aceptaban estar con los Vigilantes, pero muchas se resistían, pero Azazel, después de aburrirse Hefziba comenzó a tomar a cualquier mujer de su antojo, no importaba si ellas querían estar con él o no, simplemente se valía de su belleza, de sus trucos o incluso de su fuerza para obtener a la mujer que él quisiera.

Azazel y sus Vigilantes se sentían los dueños de ese pueblo ya que al poco tiempo las mujeres comenzaron a quedar embarazadas de esos Vigilantes, los únicos barones estaban demasiado pequeños para entender lo que ocurría en su aldea, ellos eran a veces maltratados por los Vigilantes quienes los obligaban a ir de casería y a limpiar todo el desastre que ellos dejaban en sus fiestas, cosa que fue muy triste para estas madres ya que eran chantajeadas por los Vigilantes quienes aseguraban la protección de sus hijos siempre y cuando ellas prestaran sus servicios sexuales.

Azazel ya cansado de tener a las mismas mujeres una y otra vez se dispuso a visitar pueblos cercanos junto a sus Vigilantes para cometer toda clase de pecado, en algunas aldeas se encontraba con los demás Vigilantes quienes estaban sedientos de lujuria al igual que Azazel, ellos accedían a cambiar las mujeres de su pueblo con las de otras aldeas.

Los demás Vigilantes continuaban enseñando toda clase de secretos a estas mujeres quienes se convertían en grandes hechiceras y expertas con las plantas, el uso de los brazaletes de oro y plata eran ya comunes en todas partes, las piedras preciosas, el maquillaje y el tinte del cabello era usado siempre por todas, los hombres aumentaron su agresividad y se tornaban cada vez más violentos y hacían la guerra pueblo contra pueblo mientras que los Vigilantes solamente se dedicaban a corromperse en todas formas con las mujeres incluso, algunos de ellos comenzaron a pecar en contra de los animales.

Creciendo con los humanos

Poco a poco el tiempo pasó para los Vigilantes y para sus hijos, quienes rápidamente se mezclaban con las mujeres de los hombres engendrando híbridos entre seres celestiales y humanos, Shemyasha tenía algún tiempo sin saber de sus Vigilantes, fue así como envió mensajeros para investigar qué había sucedido con ellos.

Cada mensajero partió desde la morada de Shemyasha y juraron retornar con noticias.

Shemyasha se dedicaba solamente a jugar su hijo, su esposa Nekhbet estaba contenta y Shemyasha se veía contento, ahí Shemyasha fue a visitar a Saray esposa de Azazel, apenas llegó aquella mujer le reprochó nuevamente haber alejado a su esposo de ella, Shemyasha ya había enviado a sus mensajeros para que buscaran noticias sobre Azazel y los demás Vigilantes quienes se habían demorado en su misión, Marte, el hijo de Azazel crecía con rapidez, a los ojos de Shemyasha se notaba que era un hibrido, su cuerpo para ser un niño estaba bien formado y las alas comenzaban a salir en su espalda, Shemyasha estaba encantado con esto.

Shemyasha visitaba las aldeas para ver si todo estaba bien, muchas de ellas ya tenían hijos de sus compañeros Vigilantes, Shemyasha se contentaba por eso, pues al llegar sus compañeros podrían ver a sus hijos en buenas condiciones.

Pasaron algunos días, Shemyasha se preocupó por sus Vigilantes, ninguno había retornado, en ese momento a lo lejos se podía ver a sus Vigilantes, Shemyasha se alegró de verlos y admitió que estaba preocupado por ellos, en seguida preguntó cómo estaban las cosas por las tierras lejanas, los Vigilantes mantuvieron silencio y Shemyasha exigió saber qué estaba sucediendo, los Vigilantes contaron todo lo ocurrido a Shemyasha y él no podía creer todo lo que habían hecho los Vigilantes, en seguida Shemyasha convocó una reunión para todos los Vigilantes en el Monte Hermón, debían discutir todo lo ocurrido en ese viaje, los Vigilantes mensajeros de Shemyasha partieron a cumplir su misión y al llegar a sus destinos Azazel, Ar'taqof y los demás líderes a regañadientes aceptaron ir a la reunión en el Monte Hermón, en donde Shemyasha les esperaba para reprenderlos.

Los Vigilantes se reunieron seis días después del llamado de Shemyasha, una vez todos juntos Shemyasha preguntó sobre los horrores cometidos por esos Vigilantes, Azazel aseguró, pacíficamente habían tomado a las mujeres de aquellas aldeas las cuales eran hermosas, Shemyasha condenó en seguida todos aquellos actos de los Vigilantes y Azazel levantó su voz, todos ellos estaban bajó el mismo juramento, no tendrían que pelear entre ellos, ya lo pasado no podía cambiarse, Shemyasha se tranquilizó y ordenó a sus Vigilantes a regresar a su aldea, de esa manera podría vigilarlos de una forma más efectiva, Azazel no quería dejar su aldea y aseguraba que se controlarían de ahora en adelante, Shemyasha aseguró que sus mujeres los necesitaban en sus aldeas, Azazel entendió las palabras de Shemyasha quien acto seguido les pidió a los Vigilantes no entrometerse en los asuntos de los humanos, los Vigilantes aceptaron las ordenes de Shemyasha y regresaron a sus antiguos hogares.

Azazel llegó a su hogar solamente para recibir un buen regaño a su esposa quien lo esperó durante tanto tiempo, Azazel no prestó atención a las palabras de Saray y enseguida se acostó con ella en contra de su voluntad, Azazel ya estaba acostumbrado a otro tipo de vida, el

Vigilante estaba tan contaminado que tenía pensado corromper a todas las mujeres de su pueblo si le era posible, pero debía tener cuidado de su líder Shemyasha, Marte por su parte era el orgullo de Azazel, ya que físicamente se parecía mucho a él, aunque Azazel se preguntaba por la cantidad de hijos engendrados en aquellas aldeas, qué sería de ellos, solamente podía sonreír ya que se había procreado, cosa que desde siempre había querido, aunque se tratase de seres híbridos esperaba que su descendencia durara por muchas generaciones incluso, eternamente.

Los Vigilantes en cierta forma estaban resentidos con los humanos ya que ellos podían vivir sus vidas con pleno gozo y contaban con la gracia del Creador todo el tiempo, solamente debían arrepentirse y sus pecados eran arrojados al fondo del mar, ningún otro ser tenía ese privilegio, incluso los mismos Vigilantes quienes habitaban en los cielos debían obedecer al Creador sin desobedecerle, por esa razón Azazel guardaba un profundo resentimiento por los humanos.

Unos cuantos días después Azazel observó a una mujer muy hermosa, Azazel no podía evitarlo, estaba tan contaminado de lujuria que siguió a esta mujer quien al llegar a su hogar fue recibida por su esposo y su hijo pequeño, Azazel sucumbió ante la ira y aseguró que esa mujer sería suya.

Al día siguiente Azazel hizo el amor a Saray y en seguida se dispuso a irse, Saray preguntó a dónde iba y Azazel la observó fijamente y le ordenó que no preguntara eso nuevamente, Saray se quedó triste al escuchar las palabras de su amado Azazel quien se dispuso a salir a buscar a aquella mujer.

Una vez que la encontró Azazel bajó el vuelo, ella estaba cerca del bosque recolectando unas plantas, repentinamente apareció Azazel y preguntó si podía ayudarla, aquella mujer aseguró que todo estaba bien y decidió marcharse, Azazel intentó seducirla pero al ver que no pudo intentó tomarla a la fuerza, en ese momento el esposo de la mujer llegó y al ver a Azazel intentando forzar a su esposa a estar con él sacó su espada y se dispuso a atacar a Azazel quien también sacó su espada y preguntó si estaba seguro de querer enfrentarse a él, aquel hombre llamó cobarde a Azazel, había venido con intenciones de ayudar a la humanidad y ahora era un auténtico depredador sexual, Azazel se dispuso a atacar y en seguida ambos blandieron sus espadas, aquel hombre tenía una gran habilidad, pero no tenía nada qué hacer en contra de Azazel quien quebró la espada del hombre y enteró su arma en el pecho causándole así la muerte, mientras Azazel estaba descuidado el hijo de aquel hombre llegó por detrás y clavó un cuchillo en la parte trasera de la pierna a Azazel, el Vigilante jamás en su existencia había sentido tanto dolor, Azazel cayó al suelo mientras intentaba agarrar al niño, pero la madre lo protegió, Azazel observó que comenzó a sangrar, Azazel no podía creer eso, solamente los mortales eran capaz de sangrar, Azazel no sabía qué estaba sucediendo, en ese momento aquel anillo que Shemyasha le había regalado cayó al suelo y se bañó con la sangre de Azazel, enseguida usó sus poderes para mezclar la sangre con el anillo y cerrar su herida, la herida quedó aún latente y Azazel recogió aquel anillo el cual ahora tenía una piedra de color rojo, Azazel fue a buscar al niño para asesinarlo, pero la madre se interpuso asegurado que ella estaría con él, pero por favor debía dejar a su hijo en paz, Azazel aseguró que no lo mataría, pero por haberle herido él sería su esclavo, había dañado a una deidad, Azazel enseguida golpeó a aquella mujer y le obligó a estar con él, aquella pobre mujer solamente observaba el cadáver de su fallecido esposo quien estaba en el suelo con los ojos abiertos.

Descubriendo el poder

Azazel después de divertirse con aquella mujer rápidamente se fue hasta el Monte Hermón, Shemyasha quien estaba ahí preguntó a Azazel qué estaba ocurriendo, Azazel mostró la herida hecha por aquel niño y Shemyasha quedó impactado, no entendía cómo había sido posible eso, un mortal jamás podría dañar a un ser celestial, Azazel aseguró que podría ser por haber quebrantado las leyes celestiales, Shemyasha se preocupó, esos cuerpos tenían las mismas desventajas de los cuerpos humanos, Azazel preguntó a Shemyasha si alguna vez había intentado desmaterializarse para regresar a su antigua forma, Shemyasha ni siquiera pensaba en eso ya que tenía miedo de regresar al cielo y no poder estar nunca más con su mujer y con su hijo, Azazel aseguró que retornar al cielo sería una tarea casi imposible después de todo lo que habían hecho, Shemyasha estaba sin palabras, pero animó a Azazel a seguir adelante, el Vigilante entonces se dispuso a buscar al pequeño que lo había herido, debía demostrarle que ahora le serviría a él.

Azazel llegó hasta el hogar de aquella mujer y allí observó al pequeño quien tenía aquel cuchillo en su mano, Azazel entonces tomó al joven a la fuerza y le quitó el cuchillo, Azazel calentaba la punta del cuchillo mientras mantenía al joven sujetado, una vez la punta estaba de color rojo Azazel le hizo una marca en el brazo marcándolo de por vida, la madre intentó detener esto pero no pudo, gracias a esa marca Azazel podría ubicar al joven y a toda su descendencia la cual sería esclava de Azazel para siempre, ese sería su castigo por haber lastimado a uno de los Vigilantes, el niño se negaba a obedecer a Azazel quien con su poder torturaba al joven haciendo que la herida ardiera como el fuego.

Azazel se marchó de allí, ya su venganza estaba completada, en esos momentos Azazel se encontró con otros Vigilantes y preguntó qué tenían pensado hacer, Shamsiel, Ar'taqof y los otros Vigilantes querían proponer un plan a Shemyasha, Azazel preguntó cuál era el plan y Shamsiel le pidió que lo acompañaran.

Una vez todos los Vigilantes reunidos Shemyasha preguntó cuál era el motivo de la reunión, los Vigilantes Shamsiel y Ar'taqof hicieron una propuesta a Shemyasha, querían retornar a las tierras lejanas con la intención de compartir tiempo con sus hijos engendrados, pero con la condición de que no iban a interferir en los conflictos de los hombres, Shemyasha aseguraba que eso ya lo habían conversado, las atrocidades hechas por los Vigilantes había sobrepasado los límites, Azazel entró en la conversación asegurando a Shemyasha que debía perdonar las acciones de los Vigilantes quienes querían ver a sus familias en aquellas tierras, Shemyasha fue compasivo y aceptó las disculpas de los Vigilantes y les pidió tener discreción en sus asuntos, los Vigilantes estaban contentos de poder ir nuevamente a las tierras lejanas, Azazel no podía quedar fuera de eso así que llegó a su hogar y en contra de la voluntad de su mujer él la tomó, Saray comenzaba a sentir rencor por Azazel quien se había transformado en un verdadero malvado, Azazel entonces abandonó su hogar despidiéndose de su hijo y se encaminó a buscar a su nuevo esclavo.

Al entrar aquella madre abrazaba a su hijo y Azazel cruelmente usó su poder para lastimarlo haciendo que la herida sangrara causándole gran dolor al niño, aquella madre suplicaba a Azazel que lo dejara en paz y el Vigilante le advirtió al niño que lo estaría esperando en las tierras lejanas, debía llegar lo antes posible, la madre aseguraba que aún estaba muy joven para ir solo, Azazel aseguró que él lo guiaría para que no se perdiera, Azazel salió de su hogar y aquella madre entre lágrimas le dijo a Azazel que estaba esperando un hijo suyo, Azazel comenzó a reír mientras aseguraba que ese hijo debía esperar detrás de todos los hijos que él había engendrado, la madre soltó unas lágrimas y se arrodillo ante Azazel quien no hizo más que burlarse de ella, Azazel entonces se marchó con sus Vigilantes de nuevo a las tierras lejanas, una vez ahí la aldea de Azazel estaba bastante poblada, los Vigilantes en seguida reconocieron a sus hijos ya que estos seres tenían habilidades únicas y a diferencia de los hijos de los humanos estos crecían un poco más rápido, los Vigilantes estaban orgullosos de toda su descendencia, era todo un sueño para ellos Vigilantes quienes veían a sus hijos crecer y jugar, Azazel tenía otros planes, por esa razón había obligado al niño a dejar su hogar para unirse a él en las tierras lejanas, Azazel se comunicó con el niño quien ya iba de camino, Azazel le obligó a que se diera prisa, su malvado plan no podía esperar.

Después de un largo viaje el niño, quien estaba deshidratado llegó hasta la aldea, Azazel estaba con dos amantes, el Vigilante en seguida les ordenó marcharse y se dispuso a hablar con el niño quien pedía agua, Azazel se aseguró de que recibiera agua y preguntó si estaba preparado, el niño preguntó para qué debía estar preparado, Azazel preguntó al joven su nombre el cual era *Izan,* Azazel aseguró que lo entrenaría y sería él quien se encargaría de hacer el trabajo sucio para Azazel ya que él había prometido a Shemyasha que no asesinaría a ningún otro hombre, Izan se negó a eso y Azazel aseguró que no tenía opción, si no se sometía a su mandato asesinaría a su madre y a él lo encerraría de por vida en una prisión celestial, Izan preguntó cuál era el motivo de toda su maldad, Azazel aseguró que ese mundo era demasiado para el hombre, era una completa injusticia que ellos si pudieran reproducirse dejando un legado en el mundo a diferencia de los seres celestiales pero eso había cambiado, ya Azazel tenía muchos hijos y se dedicaría a procrear más, Izan aseguró que el Creador lo castigaría por todo, Azazel golpeó en el rostro al niño dejándolo tendido en el suelo, el día de mañana Azazel lo convertiría en todo un asesino, y debía cumplir todos sus mandatos.

Contratos crueles

Shemyasha comenzaba a notar el crecimiento de la población, los hijos de los Vigilantes no eran tan numerosos como los humanos, pero si resaltaban en sus habilidades, Shemyasha entrenaba junto con su hijo Karttikeya quien ya mostraba habilidades de combate, Shemyasha lo observaba con orgullo y se sentía contento, su hijo se convertiría en un gran guerrero y dejaría por todo lo alto su nombre. Un poco después los Vigilantes incluidos Shemyasha y Azazel se reunieron, no tenían intenciones de que sus hijos trabajaran al igual que los humanos ya que ellos consideraban a sus hijos una raza superior a la humana, Azazel sugirió tomarlos como esclavos entre risas pero Shemyasha sabía que eso no podía ser así, Shemyasha había aconsejado a su hijo que no trabajara y que simplemente tomara lo que necesitaba para alimentarse, los demás

Vigilantes hablarían con sus hijos de igual forma para que no tuvieran que trabajar.

De esa manera, los hijos de los hombres se dedicaban a recolecta alimentos y los compartían con los hijos de los Vigilantes quienes al estar pequeños eran visto con buenos ojos por parte de los humanos, pero existía una gran mayoría de hombres quienes no los toleraban, en su mayoría se trataban de hombres a quienes los Vigilantes les habían arrebatado a su esposas, muchos de ellos permanecieron en aquel pueblo mostrando su desprecio por esos seres, pero otros decidieron alejarse de aquellas aldeas en donde los Vigilantes habían procreado a sus hijos llevando así los conocimientos adquiridos al resto de las aldeas.

Uno de esos hombres llamado *Jadiel* fue quien se levantó por primera vez en contra del yugo de los Vigilantes, estaba cansado de tener que compartir toda su comida con los Vigilantes o con sus hijos, muchos hombres en seguida se alzaron junto con Jadiel y Shemyasha los expulsó de la aldea, pero Jadiel juró que algún día retornaría y se vengaría de aquellos malvados.

Las demás personas quedaron impactadas por la forma en que Shemyasha los había expulsado de aquella aldea, los humanos se sintieron intimidados y con impotencia al ver cómo esos seres se habían apoderado de su aldea, las mujeres debían tener cuidado con los Vigilantes quienes tenían un apetito de lujuria insaciable, algunas de ellas simplemente acudían a ellos por protección y otras por placer, pero lo que más resaltaba de todo era el crecimiento de la maldad entre los humanos, los Vigilantes no habían entendido, la raza humana era demasiado inmadura para entender los conocimientos revelados por ellos, fue en ese tiempo cuando la brujería y los servicios comenzaron a ser frecuentes, las primeras brujas se dedicaban a romper hechizos y a realizar rituales, muchas de ellas estaban con los Vigilantes para poder sacar algún tipo de información y así usarlo para beneficio propio.

Los humanos comenzaban a notar el cambio del comportamiento en los hijos de los Vigilantes, ya que ellos al ser híbridos eran diferentes a los humanos, algunos simplemente tenían una estatura superior a su edad ya que al ser niños aún eran del tamaño de un hombre adulto, eso preocupaba a los hombres ya que no estaban acostumbrados a tener hijos tan altos a tan corta edad, ellos simplemente se dedicaban a jugar y a comer y los humanos trataban de no hacerlos enojar, ya que temían que ellos les dijeran a sus padres causándoles problemas.

No es mi hermano

Izan era constantemente maltratado por Azazel quien lo obligaba a comer carne cruda y lo golpeaba para endurecer su carácter, Izan era abandonado en múltiples ocasiones por Azazel, lo mandaba a misiones en las cuales Izan estuvo al borde de la muerte, Azazel no tenía ningún tipo de clemencia con el niño. Durante las noches Azazel lo despertaba pateándolo fuertemente y arrojándole agua helada e incluso caliente en algunas acciones, Izan era obligado a defenderse de los ataques de Azazel solamente con aquel cuchillo con el cual lo hirió, Azazel pretendía transformarlo en un guerrero silencioso quien sería capaz de asesinar a cualquier persona, Azazel puso la primera prueba a Izan la cual consistía en asesinar a un hombre el cual tenía una hermosa mujer, Izan se negó enseguida ya que le traía recuerdos, pero

Azazel aseguró que si desobedecía sus órdenes iría y asesinaría a su madre, Izan entre lágrimas aceptó asesinar al esposo de aquella doncella.

Izan esperó a que aquel hombre saliera de casería y desde un árbol arrojó aquel cuchillo en el pecho de aquel hombre matándolo rápidamente, Izan a petición de Azazel cortó la oreja de aquel hombre y se la llevó a Azazel, de esa manera probaría que había cumplido con su misión, Izan arrojó la oreja a los pies de Azazel quien se emocionó de saber que ya no tendría inconvenientes para intimar con aquella mujer, Izan no dejaba de repetirle a Azazel lo pervertido que era, Azazel tenía asuntos importantes que atender y le pidió a Izan ocultarse de su vista ya que simplemente su presencia le molestaba, Izan aprovecharía la ocasión para ir a visitar a su madre, debía verla y asegurarse de que estaba bien, ya tenía tiempo sin verla.

Izan se marchó rápidamente hasta su aldea, sin descansar, y apenas bebiendo pocas cantidades de agua y con escaso alimento.

Al llegar pudo ver a muchas mujeres maquilladas y vestidas con ropas diferentes a las acostumbradas, ellas eran hermosas e Izan veía cómo estas mujeres seducían a los hombres quienes caían envueltos en su lujuria, otras mujeres se dedicaban a la lectura de las manos y a las adivinanzas, ellas estaban vestidas de negro y usaban brazaletes misteriosos hechos de oro y plata, algunas de ellas veían con ojos de lujuria a Izan ya que ellas estaban corrompidas en todos los aspectos por los Vigilantes.

El rostro de las mujeres quienes habían estado con los Vigilantes cambiaba radicalmente, sus miradas se tornaban penetrantes, sus labios rosados tomaban un color casi rojo, sus pómulos desaparecían haciendo que sus rasgos faciales se tornaran casi perfectos al igual que los Vigilantes ya que el simple hecho de estar con esos seres era una alteración a la naturaleza.

Izan llegó a su antiguó hogar, allí se encontraba su madre, ella también había adquirido ciertos rasgos de los Vigilantes, apenas vio a Izan soltó un llanto y corrió a abrazar a su hijo, la madre de Izan se llamaba *Martha*, ella extrañaba a su hijo más que a nada, Martha preguntó en seguida cómo había estado, Izan lloró y confesó a su madre lo mucho que le hacía falta su familia, en ese entonces apareció un pequeño niño, él tenía una joroba y cojeaba al caminar, Izan en seguida preguntó quién era ese monstruo, Martha respondió que era su hermano, su nombre era *Aday,* era fruto de la violación de Azazel a Martha, en seguida Izan puso su mano en el cuchillo y Martha lo detuvo diciéndole que él era su hermano y debía quererlo, Izan se negaba a aceptar a Aday como su hermano, Martha lloraba amargamente ya que no sabía qué debía hacer, Izan en seguida sugirió llevarlo al bosque y dejarlo abandonado pero Martha aseguraba que él no tenía la culpa, era un niño inocente e Izan debía respetar eso, pero Izan no entendía eso y prefirió no prestarle atención, Izan solamente se quedaría una noche ya que Azazel podría necesitarle y no quería meter en problemas a su madre, fue así como la noche pasó e Izan se despidió de Martha y observó con malos ojos a Aday quien se acercaba con dificultad a Izan, Martha dio un gran beso a su hijo y entre lágrimas se despidió de él lamentándose por no poder ayudar a su hijo, Izan aseguró que podría cuidarse solo, ya había pasado por demasiadas cosas.

Izan se dispuso a dejar la aldea y en ese momento observaba a dos de los hijos de los Vigilantes con un animal, lo curioso era que ellos estaban tocando las partes íntimas de aquel animal, Izan pensaba que estos hijos de los

Vigilantes eran unos enfermos, Izan en seguida se dispuso a seguirlos hasta el bosque, una vez allí uno de ellos puso su boca en la parte genital de aquel animal mientras el otro comenzaba a tocar sus partes, Izan al no soportar tal aberración se acercó poco a poco y con su cuchillo asesinó a uno de ellos, el otro en seguida se lanzó en contra de Izan y aseguró que le diría a su padre que él había asesinado a su hermano, Izan aseguró que ellos eran seres perversos llenos de lujuria al igual que sus padres, en seguida el hijo del Vigilante continuó atacando a Izan quien usó su gran destreza para clavar su cuchillo en el ojo del hijo del Vigilante quien cayó en el suelo e Izan lo asesinó, Izan en seguida soltó al animal y le dijo que se fuera, el animal corrió lejos de allí e Izan siguió su camino. Izan corrió desesperadamente sin descanso, no quería que nadie descubriera la identidad del asesino de estos monstruos. Izan no soportó más su cansancio y se acostó en el bosque, en seguida se quedó dormido.

Al amanecer siguió su camino sin parar, fue entonces cuando una criatura lo atacó, por suerte Izan pudo esquivarlo pero al detallarla bien aquel animal era una completa aberración, tenía el cuerpo de un león, alas mal formadas, su rostro era extraño y su pelaje era parecido al de un humano, Izan estaba asqueado por esa criatura, cada día odiaba más a los Vigilantes, ni siquiera los animales se habían escapado de sus aberraciones, Izan corrió en seguida ya que estaba seguro que no podría pelear en contra de esa bestia pero se le ocurrió una idea para humillar a Azazel, fue de esa forma en que peleó con aquella bestia y logró someterla, pero no salió ileso de aquella pelea, el animal se aseguró de dejarle unas cuantas marcas a Izan en el cuerpo.

Izan se presentó ante Azazel quien aseguró que
no había pedido su presencia, Izan arrojó una de
las orejas de aquella criatura a los pies de Azazel
quien preguntó qué era eso, Izan describió a la
criatura que había visto en el bosque y aseguró
que los Vigilantes eran perversos, ya que ni
siquiera los animales eran respetados, Azazel
comenzó a reírse asegurando que el placer podía
venir de cualquier ser vivo, Izan quedó
asqueado por las palabras de Azazel y sin decir
nada le dio la espalda mientras Azazel
continuaba riendo, antes de que Izan se
marchara Azazel le dio las gracias a Izan
asegurando que aquella mujer estaba deliciosa,
Izan se volteó y escupió al suelo, Azazel se lanzó
sobre él asegurando que no debía faltarle el
respeto ya que Azazel era una deidad, un ser
superior a él y no debía contradecirle en nada,
Izan aseguró que un día el Creador vendría y le
haría pagar por todos sus pecados, Azazel

aseguró que eso no sucedería y que de ser así simplemente pediría perdón y todo sus pecados serían perdonados, Azazel sacó a Izan de su hogar y le dijo que se largara de ahí, si lo necesitaba lo llamaría, Izan se sintió humillado y se dispuso a caminar por la aldea en donde las cosas no eran diferentes al pueblo en donde él había nacido, Izan comenzó a orar al Creador ya que sabía que solamente Él podría arreglar todo ese desastre ocurrido.

Hijos de la destrucción

Acogedora era la vida para los Vigilantes,
quienes al tener permiso de Shemyasha de
convivir con los humanos sin meterse en sus
asuntos disfrutaban de los placeres sin tener que
trabajar y viviendo del trabajo del hombre.

Shemyasha se encontraba en su hogar
cuando de repente uno de sus Vigilantes llegó,
Shemyasha lo recibió en seguida y el Vigilante se
arrodilló y mostró su tristeza, Shemyasha tocó
su rostro y le preguntó qué estaba sucediendo, el
Vigilante había encontrado a sus dos hijos
muertos a las afueras de bosque, Shemyasha
sintió un dolor terrible, no entendía cómo podía
haber ocurrido tal aberración, Shemyasha en
seguida se dispuso a ir hasta donde ocurrió todo.

Al llegar los cadáveres de esos dos jóvenes
estaban cubiertos, las personas a su alrededor
observaban llegar a Shemyasha quien preguntó

quién había sido el culpable de ese crimen, absolutamente nadie respondió, Shemyasha aseguró que ese acto no podría quedar sin castigo, pero en seguida las personas comenzaron a protestar, uno de los protestantes aseguró que Shemyasha era injusto en sus decisiones, había llegado junto con sus Vigilantes, se había apoderado de todo y ahora pretendía ponerle castigo a los humanos por la muerte de dos malvados, aquel hombre recordó a Shemyasha todas las mujeres violadas por los Vigilantes al igual que los hombres asesinados por ellos, Shemyasha se quedaba sin palabras al escuchar las palabras del hombre quien preguntaba quién respondería por todas esas muertes y quién protegería a las mujeres de los Vigilantes quienes estaban enfermos de lujuria, Shemyasha amenazó a ese hombre asegurando que él no tenía autoridad para desafiar a los Vigilantes, aquel hombre preguntó a Shemyasha

quién le había dado permiso a los Vigilantes
para convivir con las mujeres y para engendrar
monstruos con ellas, Shemyasha sacó su espada
y aseguró que si decía una palabra más lo
pagaría con su vida pero el hombre sin miedo
alguno aseguró que ya no le importaba morir si
de esa forma se liberaba de la injusticia de los
Vigilantes, Shemyasha aseguró entonces que
gracias a ellos los humanos habían progresado,
los conocimientos adquiridos los había
convertido en seres inteligentes y capaces de
realizar tareas extraordinarias, pero aquel
hombre aseguraba que servirles a ellos no tenía
nada de agradable y sus hijos eran una
abominación, los hijos de los hombres eran
normales y hermosos, pero vivían con miedo ya
que esos monstruos hijos de los Vigilantes con
sus enormes tamaños y su violencia acosaban a
estos niños e incluso muchos de ellos
desaparecían y nadie decía nada, Shemyasha

voló hasta aquel hombre y enterró su espada en él asegurando que sus hijos no eran abominaciones ni monstruos, aquel hombre escupió en el rostro a Shemyasha y le aseguró que el Creador se enteraría de toda esta injusticia, Shemyasha tenía el rostro manchado de sangre y todas las personas lo observaban aterrados, Shemyasha aseguraba que los Vigilantes no eran unos monstruos, eran seres celestiales, pero la mayoría de las personas comenzaron a retirarse quedando solamente Shemyasha junto a dos Vigilantes quienes tomaron el cuerpo de los hijos del Vigilante y los enterraron.

Shemyasha al llegar a su hogar habló con su mujer sobre lo ocurrido, Nekhbet hacía sentir mejor a Shemyasha recordándole que fueron ellos quienes trajeron su sabiduría al mundo, Shemyasha no tenía remordimiento de haber asesinado a ese hombre pero si estaba molesto por las demás personas ya que no le habían apoyado en ese momento, Nekhbet explicó a Shemyasha las actitudes humanas, ser mal agradecido era una de ellas, Shemyasha se tranquilizó con esas palabras y se dispuso a tomar un descanso y a limpiarse la sangre, en ese momento una jovencita quien trabajaba para Nekhbet observaba a Shemyasha desnudo, él estaba limpiando su cuerpo y la joven, quien estaba escondida fue detectada por Shemyasha, ambos se vieron fijamente, ella se fue acercando poco a poco al Vigilante quien al tenerla cerca le quitó su atuendo y comenzó a intimar con ella.

Mientras todo esto ocurría Nekhbet estaba observando su rostro en un espejo dado por Shemyasha, ella podía durar horas observando su rostro y maquillándose, la vanidad se había apoderado de Nekhbet quien no prestaba atención a nadie más, incluso su hijo cuando la llamaba ella aseguraba estar muy ocupada, gracias a eso Shemyasha pudo comenzar una aventura con aquella joven sin que Nekhbet se diera cuenta, pero eso sería solamente el principio, ya que Shemyasha aún afectado con lo que había ocurrido con aquel hombre se olvidó de su deber de cuidar las tierras que le pertenecían y comenzó a seducir a mujeres jóvenes prometiéndoles joyas, polvos mágicos e incluso conocimientos prohibidos.

Un día Nekhbet caminaba por su hogar y escuchó a dos de las jóvenes hablar sobre sus aventuras con Shemyasha, Nekhbet estaba impactada, su gran amor le había sido infiel, eso no podía quedarse de esa manera, Nekhbet aún no había caído en cuenta de que ella, enferma por su vanidad había dejado a todos a un lado, Nekhbet no dejaría pasar por alto esa traición, quería eliminar a esas traidoras pero de una manera silenciosa, fue así como esperó a que

Shemyasha llegara, pretendía averiguar la forma de poder asesinar en silencio.

Descubriendo a un asesino

Azazel se divertía con sus mujeres cuando de repente llegó uno de los Vigilantes de la aldea en donde se encontraba Shemyasha, Azazel preguntó si estaba todo bien, aquel Vigilante pidió un momento en privado con Azazel quien advirtió al Vigilante que esperaba que se tratase de algo importante, el Vigilante explicó todo lo ocurrido a Azazel quien se quedó sin palabras, aunque estaba contento por Shemyasha, ya por fin entendía qué se sentía asesinar a un humano, pero Azazel estaba molesto, cómo era posible que los humanos fuesen tan mal agradecidos, los Vigilantes los habían dotado con sus conocimientos y esa era la forma en la que les pagaban, de verdad el Creador se había equivocado al crearlos dijo Azazel, pero eso no podía quedar así, fue en ese momento en que Azazel llamó a Izan causándole dolor en aquella marca, Izan entendió el llamado y se encaminó al hogar de Azazel.

Al momento de su llegada Azazel presentó al Vigilante su esclavo, luego contó lo ocurrido con aquellos hijos del Vigilante, Izan comenzó a reír asegurando que esos dos malvados habían tenido su merecido, el Vigilante intentó golpear a Izan pero Azazel no lo permitió, Izan era su esclavo y ya estaba acostumbrado a sus ofensas, Azazel se acercó a Izan y le ordenó partir inmediatamente a la aldea e investigar quién había asesinado a los dos hijos del Vigilante, Izan disfrutaba ver a los Vigilantes sufrir por la muerte de aquellos dos pero no dijo nada ya que de esa forma podría estar cerca de su madre.

Izan partió con la intención de tardar el mayor tiempo posible dentro de aquella aldea para poder estar con su madre ya que fue él quien los había asesinado. El Vigilante en seguida sonrió a Azazel y aseguraba que tenía a ese humano bien amaestrado, Azazel aseguraba que ese niño era quien hacía el trabajo sucio por él, Shemyasha había cometido un terrible error al asesinar a un humano a la vista de todos, esperaba que no tuviera problemas con eso.

El camino como de costumbre era agotador y más para Izan quien había llegado recientemente y de haber peleado en contra de aquel animal extraño.

Apenas llegó, Martha, su madre lo recibió con un cálido abrazo y preguntó por qué había retornado, las cosas en la aldea estaban tensas después de la muerte de aquellos hijos del Vigilante, Izan aseguró, fue él quien los asesinó, Martha en seguida comenzó a llorar de tristeza, su hijo se había convertido en un asesino, Izan explicó a su madre lo que había ocurrido, Martha no tenía palabras, Izan aseguraba estar de regreso para investigar aquel crimen pero no podría hacer nada ya que él era el asesino y tenía la intención de quedarse cerca de su madre, Martha abrazó a Izan y le pidió tener cuidado, Azazel era realmente un malvado y si sospechaba que había sido él quien asesinó a los hijos de los Vigilantes buscaría venganza, Izan se aseguraría de que nadie supiera su secreto, en ese momento Aday apareció e Izan lo llamó monstruo, Martha rompió nuevamente en llanto mientras abrazaba a Aday, Izan preguntó por qué lo abrazaba, él no era su hijo, era fruto de una violación, Martha aseguró que Izan nunca lo entendería, fue de esa forma como Izan abandonó su hogar y decidió dormir en otra parte, no soportaba la idea de tener que convivir con un monstruo hijo de Azazel. La noche llegó a su fin e Izan estaba asqueado por aquella aldea, repentinamente una mujer hermosa se acercó a él, Izan quedó impactado por su belleza pero en seguida le recalcó que su belleza era artificial y si había disfrutado su noche con algún sucio Vigilante, aquella mujer comenzó a reír y aseguró que también había disfrutado los días al igual que las noches con los Vigilantes, Izan quedó asqueado por eso mientras aquella mujer tomaba la mano de Izan y comenzaba a leerla, aquella mujer le dijo que tendría una vida extremadamente dura y tendría una carga sobre él pero al final de su vida la recompensa sería gloriosa, Izan en seguida apartó su mano de aquella mujer y le aseguró que nunca más volviera a tocarle, Izan se marchó y no sabía ni siquiera qué hacer, así que se dispuso a observar todo lo que ocurría en su aldea, los hombres se veían cansados de tanto trabajar, muchos de ellos murmuraban y se quejaban por todo lo ocurrido. Un poco más adelante una madre estaba llorando mientras observaba a su pequeño, estaba lleno de mordidas por todas partes, Izan no toleraba aquellas injusticias, es por eso que su ira le cegó y fue a buscar a ese hijo del Vigilante, pudo reconocerlo por tener los labios manchados de sangre mientras se reía, Izan esperó a que fuese de más tarde, una vez el hijo del Vigilante cayó dormido el joven se acercó sigilosamente y tomó la lengua de la víctima y la cortó con su cuchillo, el monstruo, como les decía Izan se levantó en seguida gimiendo del dolor, Izan se escapó rápido de aquella escena mientras todos despertaban para saber qué sucedía.

Al salir el sol el padre de esa criatura enfadado con lo que ocurría comenzó a destruir los hogares de los humanos quienes comenzaron a arrojarles piedras, Shemyasha fue avisado de esa revuelta, pero se negaba a aparecer después de haber asesinado a aquel hombre algunos días atrás, los demás Vigilantes intentaban tranquilizar a su compañero, pero era imposible, Martha entonces se dedicó a buscar a Izan por todas partes, sabía que su hijo era el culpable,

Izan vio a su madre acercarse y puso una sonrisa en su rostro, Martha recordaba las veces en que Izan hacía travesuras y sonreía al ver a su madre, Martha en seguida reprendió a Izan por haberle cortado la lengua al hijo del Vigilante, Izan explicó lo sucedido a Martha, aquel monstruo había mordido fuertemente a un niño pequeño y por esa razón había perdido su lengua, Martha explicó a Izan que los Vigilantes eran seres peligrosos y si Izan continuaba castigando a sus hijos ellos matarían a personas inocentes, Izan comprendido las palabras de su madre y contuvo un poco su resentimiento por ellos ya que si continuaba castigándolos los Vigilantes tomarían venganza en contra de los humanos, Martha pudo convencer a su hijo e Izan se contuvo, aunque pensaba que sería más fácil liquidarlos en ese momento que eran niños, ya que tenía el presentimiento de que estos aumentarían considerablemente su tamaño.

Azazel en su hogar fue avisado de aquel incidente con el hijo del Vigilante, pero después de escuchar que su lengua fue cortada Azazel se quedó sin palabras, ya tenía sospechas de quién había sido el culpable de todo, pero no diría nada, solamente se encargaría de que volviera a atacar para castigarlo por su crimen.

Venganza silenciosa

Nekhbet no sabía cómo abordar el tema a Shemyasha pero recordó una de las grandes habilidades de Shemyasha, las plantas, Nekhbet sedujo al Vigilante para que le instruyera con las plantas, Shemyasha entonces quien seguía amando a su esposa le fue mostrando los secretos de las plantas, Nekhbet de esa forma aprendió los secretos de Shemyasha, usando su astucia Nekhbet preguntó si todas las plantas eran buenas para el hombre, fue de esa manera en que Shemyasha le dio el conocimiento a Nekhbet acerca de aquellas plantas las cuales eran mortales para los humanos, Nekhbet sonreía mientras se instruía en ese nuevo mundo de las plantas. En pequeños recipientes Nekhbet creaba diferentes pociones, aquellas que aprendió de Shemyasha, ella las comenzó a usar en animales para ver si realmente era efectivo,

Nekhbet observaba cómo sus animales de prueba perdían la vida incluso, Nekhbet comenzó a recordar cuánto tiempo tardaba el veneno en hacer efecto, fue entonces cuando decidió ejecutar su plan, Nekhbet hizo el amor con su esposo Shemyasha, lo sedujo con toda su dulzura, Shemyasha ni siquiera sospechaba del plan malévolo que tenía Nekhbet quien después de que Shemyasha se durmiera fue hasta la fuente de aquel hogar y arrojó gran cantidad de veneno, en seguida fue hasta donde estaba su hijo y le pidió que no bebiera del agua de la fuente ya que estaba contaminada, Karttikeya aseguró que su padre había dicho que aquella agua era pura y limpia, Nekhbet pidió a su hijo que confiara en ella y no revelara nada, Karttikeya accedió y mantendría el silencio, al día siguiente Nekhbet se despertó tarde a propósito, Shemyasha ya tenía su día planeado, mientras Nekhbet dormía se iría al bosque llevándose de una en una a sus criadas, de esa manera Shemyasha pensaba que Nekhbet no se daría cuenta.

Al pasar el día las criadas retornaron y prepararon la comida y la sirvieron para Shemyasha y para Nekhbet quien no tocaba alimento alguno, Shemyasha preguntó qué sucedía, Nekhbet comenzó a llorar, Shemyasha se acercó a ella y la abrazó, Nekhbet preguntaba si recordaba cuando él le decía que la amaba, Shemyasha preguntó qué sucedía, Nekhbet hizo otra pregunta a Shemyasha, ella pensaba que su belleza había mermado, Shemyasha aseguró que ella seguía tan hermosa como siempre, Shemyasha observaba la forma en que las criadas comenzaban a toser, Shemyasha se separó de su amada y fue a atender a sus criadas pero todas ellas estaban muriendo, Nekhbet observaba el desespero de Shemyasha, aquellas jóvenes comenzaban a sangrar por la nariz y por las orejas, Shemyasha estaba desesperado mientras Nekhbet observaba todo lo ocurrido y Shemyasha se acercó a ella y la tomó por los hombros, Nekhbet sonreía mientras Shemyasha preguntaba cuál era la razón de ese terrible pecado, Nekhbet preguntó a Shemyasha si pensaba que no se había dado cuenta de que había fornicado con todas esas criadas, Nekhbet le dio una cachetada a Shemyasha asegurando que todos los Vigilantes eran unos lujuriosos sin decencia alguna, Shemyasha estaba desesperado, cómo había sido posible que Nekhbet fuese actuado de manera tan horrible, Nekhbet no estaba dispuesta a compartir a Shemyasha con nadie, fue de esa manera en que Shemyasha expulsó a Nekhbet de su hogar, no quería vivir con una asesina, Nekhbet sonreía mientras observaba a Shemyasha, quien estaba aterrado por todas las muertes a su alrededor, Nekhbet se dispuso a salir de su hogar y justo ahí Karttikeya llegó y observó todo aquello, Shemyasha ordenó a Karttikeya tapar sus ojos y marcharse hasta que él lo llamara, Nekhbet tomó a su hijo y se despidió de él, Karttikeya preguntó a su madre por qué se marchaba, Nekhbet aseguró que su padre la había despedido de su hogar y que ya no podrían vivir juntos, Karttikeya pidió a su madre ir con ella y ella aceptó llevárselo, Shemyasha se negó a dejar ir a Karttikeya quien se resistió a las órdenes de su padre pero no pudo desobedecer a Shemyasha, Karttikeya abrazó fuertemente a su madre y aseguró que algún día iría a buscarla, Nekhbet aseguró que esperaría ese día con todas sus fuerzas, Nekhbet se marchó y Karttikeya le recriminó a su padre el hecho de que ya no estaría más con su madre, aunque ese fue un sentimiento de momento ya que Nekhbet cegada por su vanidad había olvidado hace mucho tiempo atender al pequeño Karttikeya quien al ver a las amantes de su padre muertas sintió tristeza, ellas eran quienes le atendían y le preparaban deliciosas comidas, Shemyasha abrazó a su hijo pero Karttikeya se alejó de él, no quería saber nada de su padre ni de nadie, Shemyasha sacó aquellos cuerpos y los enterró cerca de su hogar. Así fue como la lujuria a Shemyasha se desató, ya que al no tener a su esposa Nekhbet junto a él y a las demás criadas Shemyasha debió buscar nuevas mujeres para satisfacer su apetito sexual.

Doble castigo

Los días pasaban e Izan intentaba contener su furia ante tanta injusticia, Martha tenía a sus dos hijos en su hogar aunque el odio de Izan no desaparecía, Aday, quien hablaba poco y algo enredado preguntó a Izan por qué lo odiaba, Izan aseguró que Aday era producto de una violación y era un monstruo, Martha escuchó esto y le dio una cachetada a Izan quien se quedó asombrado por eso, Martha aseguró que Aday era un niño e Izan no debía decirle cosas tan feas, después de todos ellos eran hermanos, Izan entonces aseguró que él no era su hermano, era un simple monstruo, Izan intentó asesinarlo en ese momento pero su madre no se lo permitió y le pidió que se fuera de su hogar, le acusó de estar comportándose igual de mal que los Vigilantes, Izan no podía creer las palabras de su madre, se preguntaba cómo era posible que su madre hiciera semejante comparación, Izan entonces salió al bosque.

Izan comenzó a escalar un árbol, quería conseguir una de sus frutas, allí se podían ver a muchos hombres buscando trozos de hierro para forjar escudos y espadas, Izan preguntó a uno de ellos para qué querían fabricar tantas armas, aquel hombre le respondió que todos necesitarían espadas, así que ellos se dedicarían a eso, de esa forma lo podrían cambiar a los habitantes de las diferentes aldeas, Izan preguntó si le podrían regalar una espada, aquel hombre aseguró que cuando la fabricara le regalaría una a su medida, Izan se alegró y aquel hombre continuó con su camino.

Izan respiró hondo ante todo lo que estaba ocurriendo en su aldea, en ese momento su herida comenzó a dolerle y Azazel le habló, Izan no podía verlo pero el Vigilante le estaba hablando, Azazel preguntaba cómo iban sus investigaciones, Izan respondió que estaba buscando al culpable pero aún no lo encontraba, Azazel le recriminó esto ya que una persona con su experiencia ya debería haber encontrado al culpable, Izan de mala manera preguntó a Azazel por qué no se encargaba él de buscar al asesino de esos monstruos, Azazel torturó a Izan por esas palabras asegurando que los hijos de los Vigilantes no eran monstruos, Izan se levantó después de sufrir aquella tortura y se dispuso a caminar por el bosque, allí le pareció curioso ver a hombres observar el cielo, ya el sol se había ido, Izan se acercó a ellos y preguntó qué estaban viendo, los hombres se dedicaban a ver los presagios de las estrellas, Izan no quería ni preguntar, pero estaba seguro de que los Vigilantes habían enseñado esas prácticas oscuras a esos hombres quienes se hacían llamar *Astrólogos*.

Izan se marchó del bosque para encontrar a dos hijo de los Vigilantes comiéndose a un hombre, Izan no quería seguir observando esa escena y observó a otro hombre quien tenía una espada, Izan le hizo una señal y ambos salieron al ataque, los hijos de los Vigilante al ser jóvenes fueron asesinados a sangre fría por aquel hombre y por Izan, en ese momento Azazel apareció y tomó por el cuello a Izan, el hombre tomó su espada e intentó atacar a Azazel quien tan solo al blandir su espada asesinó al hombre sin piedad, Azazel golpeó fuertemente a Izan y lo llevó hasta el hogar de su madre.

Azazel entró repentinamente al hogar de Martha y ella se asustó, en seguida arrojó a Izan y Martha lo abrazó, en ese momento Azazel aseguró que Martha había engendrado a un asesino de verdad, pero él tenía dos debilidades, la primera era su desobediencia, Martha seguía llorando mientras abrazaba a Izan quien no soportaba el dolor, Azazel aseguró que aquella primera debilidad era difícil de curar pero, la segunda podría arreglarse e incluso, ayudaría con la primera, Azazel sacó aquel cuchillo de Izan con sus poderes y lo clavó en el pecho de Martha, Izan comenzó a gritar mientras su madre comenzaba a morir, poco a poco Aday se acercaba para ver qué sucedía, Azazel preguntaba quién era ese monstruo, Martha en su agonía hizo saber a Azazel que ese era su hijo Aday, el producto de aquella violación, Azazel quedó sin palabras, Martha pidió que por favor cuidara de él ya que Aday era bueno e inocente, Azazel no podía creer las palabras de Martha, de esa manera sacó el cuchillo de su pecho y se dispuso a curarla, Azazel no quería cuidar a Aday y prefería dejarlo con Martha pero ya era demasiado tarde, Aday se acercó a su madre y le pedía que por favor se levantara y no lo dejara solo, Martha aseguró que ella siempre estaría allí para él, le dio un beso en la frente y falleció, Izan y Aday lloraban amargamente por la muerte de su madre y Azazel por primera vez se sintió mal por lo que había hecho, el Vigilante observaba los rasgos deformes de Aday quien al igual que los demás hijos de Azazel tenían el cabello rojo, Azazel no tuvo el valor de asesinar a Aday ya que era su hijo, pero Aday quien aún estaba pequeño observó a su padre con malos ojos, Azazel no podía negar la paternidad de Aday así que ordenó a Izan que sería él quien se encargara de cuidar a su hermano, Izan aseguró que él no era su hermano, simplemente era un bastardo al igual que todos los hijos de los Vigilantes, Azazel dio un golpe en el rostro a Izan y le ordenó llevar a Aday hasta un lugar seguro en la aldea de Azazel, ese sería el hogar de ambos y cuando Azazel necesitara algún servicio de Izan se lo haría saber como de costumbre, Azazel tomó el cuerpo de Martha y abrió un hueco en la tierra, allí la enterró a Martha y sobre aquella tierra puso una semilla, Izan preguntó qué estaba haciendo, Azazel aseguró que gracias al cuerpo de su madre un enorme árbol crecería para honrar su memoria, Izan aseguró que un árbol no retornaría a su madre ni le quitaría la culpa a Azazel, ya que él la había asesinado, Azazel no dijo nada más, los esperaría en su aldea y les diría qué iban a hacer.

Izan y Aday caminaban por el bosque, Aday preguntaba a Izan si seguía molesto con él, Izan le dio a entender a Aday que, si fuese por él lo asesinaría allí sin dudarlo, Aday no dijo nada más, ya que se trataba de un niño pequeño. Los días pasaron e Izan estaba retrasado ya que Aday no podía caminar rápido, al ser un niño y deformado caminar largas distancias y no sentir dolor era imposible. El sol se ocultó pero el cielo aún estaba claro, Izan solía dejar un poco atrás a Aday y eso lo hacía enojar, en ese momento estaba dispuesto a retroceder para regañar a Aday quien intentaba correr a duras penas, ya que detrás de él una criatura se acercaba no muy amigable, Aday gritaba por ayuda a su hermano, Izan se acercó y vio cómo Aday resbalaba, aquel animal enorme lo devoraría, Izan disfrutaría del espectáculo y comenzó a sonreír, Aday supo que no contaría con la ayuda de su hermano, pero en ese momento Izan recordó las palabras de su madre, todo lo que había ocurrido con su padre e incluso por las duras pruebas de Azazel, Izan no podía dejar morir a su hermano, así pues, tomó su cuchillo y lo arrojó al animal matándolo antes de que llegara hasta donde estaba Aday quien seguía temblando de miedo, en seguida le hizo saber a Izan que estaba seguro de que no lo ayudaría, Izan lo observó con desprecio, ya que no sabía por qué lo había ayudado.

Los dos hermanos continuaron su camino hasta llegar a la aldea de Azazel, en ese momento al entrar a la aldea las demás personas observaban a Aday con desprecio y con malos ojos, su aspecto era desagradable.

Azazel los recibió a ambos y señaló una pequeña colina, sería allí el hogar de los dos hermanos, Azazel había mandado a construir una pequeña cabaña allí, Azazel pidió una última cosa a Izan y a Aday, nadie debía saber que Aday era hijo de Azazel, Aday comenzó a llorar e Izan comenzó a reír preguntando si le daba vergüenza haber engendrado a semejante abominación, Azazel observó con malos ojos a Izan quien aseguró que las demás personas al ver el color del cabello de Aday sabrían inmediatamente que era su hijo, Azazel no sabía qué responder así que les pidió marcharse de allí, tenía que estar con demasiadas mujeres como para preocuparse por esos dos.

Estrellas que hablan

Shemyasha usaba sus poderes para cambiar la forma de su rostro, no quería que las demás personas le reconocieran cuando se entregaba a los placeres carnales que tanto le gustaba, cuidar a Karttikeya era una de las cosas que Shemyasha disfrutaba hacer, pero Karttikeya aún guardaba resentimiento por su padre, el cual era un pretexto de Shemyasha para ir a buscar nuevas experiencias en brazos de vírgenes.

Una tarde mientras se bañaba en uno de los lagos Marte comenzó a correr por los alrededores, Shemyasha en seguida se vistió y se dispuso a seguir a Marte quien físicamente se parecía cada día más a su padre, Shemyasha lo observó mientras el joven se acercaba a su madre Saray, ella estaba observando las estrellas las cuales estaban hermosas como siempre, Shemyasha tenía tiempo que no la veía, en seguida se acercó a ella y preguntó si todo marchaba bien, Saray se contentó de ver a Shemyasha ya que ella estaba intentando leer las estrellas, Shemyasha preguntó si trataba de aprender la adivinación, Saray quería aprender, Azazel le había enseñado algunas cosas pero él se había alejado de ella incluso de Marte quien era su orgullo, Shemyasha le dio una introducción de lo que era la astrología, Saray quería saberlo todo, Shemyasha aseguró, eso era imposible, pero si podría ayudarle, solamente debía aprender a escribir para tomar apuntes y así memorizar lo que le iba a enseñar, Saray no sabía escribir, Shemyasha entonces pidió a Saray ir hasta la aldea en donde se encontraba Penemue y pedir algunos instrumentos para escribir e incluso, tomar algunas clases, Saray aceptó las enseñanzas de Shemyasha quien continuó hablando con Saray, ya que ella tenía preguntas que hacerle a Shemyasha, el Vigilante aceptó charlar con ella mientras Marte se dormía cerca de ellos. Saray culminó el encuentro y pidió dos días para ir hasta la aldea y conseguir sus herramientas para escribir, Shemyasha aceptó eso y se dispuso a custodiar de ella, pero Saray advirtió a Shemyasha que no quería que las demás personas los vieran juntos, eso les podría traer problemas con Azazel, Shemyasha aseguró que Azazel era un subordinado y que ellos no estaban haciendo nada malo, Saray pidió eso como condición y Shemyasha aceptó marchándose a su hogar.

Saray se acercó hasta aquella aldea, Enheduanna se encontraba junto con sus tres hijos quienes eran de gran estatura para ser unos niños, su belleza no había mermado pero su cabello lo mantenía corto, Saray se acercó a ella para saludarla y Enheduanna la recibió con cariño, Saray deseaba hablar con Penemue acerca de la escritura ya que necesitaba instrumentos para escribir, Enheduanna aseguró, Saray no necesitaba a Penemue para conseguir esos instrumentos, Saray comenzó a sospechar pero prefirió recibir los instrumentos y marcharse a su aldea. Enheduanna observaba entre lágrimas a Saray alejarse, ya que solamente decir el nombre de Penemue le causaba un dolor increíble a Enheduanna, ella recordaba al hermoso y malvado Vigilante quien era un conocido cazador de vírgenes, corrompiéndose con toda clase de placeres y siendo el padre de casi setenta hijos. Saray se marchó a su aldea llevando con ella gran cantidad de aquello requerido por Shemyasha. Al caer la noche Saray comenzó a ver a su hijo Marte retorcerse del dolor, Saray se acercó a él y le preguntó qué sucedía, la espalda de Marte comenzó a sangrar y Saray se asustó, en seguida fue a buscar agua para para limpiar a su hijo quien no dejaba de gritar por el dolor, fue así como las alas de Marte salieron, pero a diferencia de su padre estas eran diferentes y Marte estaba cubierto completamente de sangre, Saray cargó a su hijo y lo llevó hasta la fuente de agua, allí sumergió a Marte quien después de unos instantes salió del agua y sus alas se abrieron, Saray pudo contemplar sus *Alas del Horizonte Sangriento,* Marte estaba adolorido por todo aquello que había ocurrido y Saray lo acostó después de bañarlo, todo había sido tan rápido que Saray no sabía qué hacer, Azazel tenía tiempo sin aparecer, Saray aseguraba que probablemente ni siquiera Azazel sabría qué hacer, Saray estaba consciente de que su hijo Marte era un hibrido, pero lo que le resultaba extraño eran los diferentes rasgos de cada hijo de los Vigilantes, ya que algunos eran simplemente bellos como el caso de Marte y de Karttikeya, pero habían otros que eran deformes y crueles, Saray se dedicaría a observar todo eso ya que le parecía emocionante

El amanecer de una nueva especie.

Hombres de hierro

En la aldea de Azazel un Vigilante traía un mensaje para él, Azazel detestaba los mensajes ya que últimamente traían malas noticias, el Vigilante mensajero advirtió a Azazel sobre un grupo de hombres quienes iban armados y usaban armaduras similares a las de los Vigilantes, ellos las habían copiado y ahora iban de aldea en aldea saqueado y matando, Azazel aseguraba que esos bandidos no se atreverían a saquear su aldea, el Vigilante mensajero aseguró que Shamsiel y Ar'taqof habían dicho lo mismo y sus aldeas fueron arrasadas, ellos no pudieron intervenir por la promesa hecha a Shemyasha pero se encargaron de que sus hijos sobrevivieran, Azazel entonces haría exactamente igual, protegería a sus hijos junto con los otros Vigilantes mientras los humanos se dedicaban a matarse, el Vigilante no dijo nada más y se marchó, Azazel estaba tan ocupado con sus mujeres que olvidó completamente aquel asunto, dos días después de la advertencia aquel grupo de hombres llegó a la aldea atacando a todos por igual, Azazel al darse cuenta de eso ordenó a los hijos de los Vigilantes esconderse pero era difícil para todos ya que la noche no era su aliada, los pocos hombres de aquella aldea lucharon en contra de esos hombres e intentaron defender su aldea pero las armaduras de ellos eran efectivas, sus escudos bien forjados, las espadas y las lanzas cortaban la carne haciendo una verdadera masacre, Azazel observaba a los demás Vigilantes quienes no se atrevían a tocar a los humanos por la promesa hecha a Shemyasha, Azazel entonces observó al hombre quien daba las ordenes, Azazel se acercó a él y preguntó por qué hacía todas esas cosas, aquel hombre hizo la misma pregunta a Azazel quien se quedó sin palabras, el hombre aseguró que los Vigilantes eran unos asesinos enfermos de sangre y de lujuria, por esa razón él y sus hombres atacaban aldeas llenas de *Nephilim,* nombre puesto por los demás hombres quienes observaban el crecimiento tan rápido de esos seres, el hombre dio su nombre el cual era Jadiel, se trataba de aquel hombre expulsado por Shemyasha tiempo atrás por haber hablado mal de los Nephilim y de los Vigilantes, Azazel aseguró que Shemyasha y él eran distintos, si aquel hombre continuaba arrasando la aldea Azazel los asesinaría a todos, Jadiel observó fijamente a Azazel y temiendo perder a todos sus hombres ordenó detener el ataque a la aldea, pero el daño ya estaba hecho, la aldea estaba destruida y habían muchas personas heridas, Izan al ver lo que ocurría se ocultó junto con Aday para no sufrir el ataque de los bandidos, pero lo que ocurrió allí le daría ánimos, Jadiel pasó cerca del escondite de Izan y el joven le reconoció, Izan lo saludó y Jadiel en seguida le preguntó qué estaba haciendo allí, Izan le explicó su situación y Jadiel lamentó todo lo ocurrido, Izan aseguró que cuando fuese un poco mayor se uniría a él, Jadiel aceptó, pero en ese momento Aday apareció y Jadiel preguntó quién era ese monstruo, Izan admitió, era hijo de la madre de Izan y Azazel, Jadiel en seguida lo llamó una abominación y le advirtió a Izan, si quería unirse a él debía asesinar a ese monstruo ya que la misión de Jadiel era hacer la guerra en contra de los Nephilim, Izan estaba sin palabras, Jadiel entonces se dio la vuelta y aseguró que le estaría esperando, Aday comenzó a llorar asegurando que no quería morir, quería vivir y comportarse mejor que los de su especie, Izan aseguró que no lo mataría, no tenía sentido hacerlo, Aday se acercó a Izan y le dio las gracias por salvarle la vida, Izan lo observó fijamente y aseguró que no se comportara como un tonto con él ya que no sentía afecto por Aday quien se sintió mal por las malas palabras de su hermano, en ese momento la herida de Izan comenzó a dolerle y el joven supo que debía ir hasta donde estaba Azazel, Aday pidió ir con él pero Izan se lo prohibió, no quería que nadie le viera caminando o podría ser atacado, Aday se sintió mal por eso y se sentó solo en su hogar mientras Izan se disponía a caminar hasta el hogar de Azazel.

En el camino podía observar aquella masacre, Jadiel había mentido, había asesinado a Nephilim y a humanos por igual, eso no debería de haber sucedido, Izan continuó caminando hasta que se encontró con Azazel quien le preguntó en dónde estaba, Izan aseguró que se había escondido cuando comenzó el ataque, Azazel lo tildó de cobarde pero Izan se defendió argumentando que de no haberse escondido su hijo el monstruo fuese sido asesinado, Azazel se quedó sin palabras, Izan tenía razón, Azazel en seguida le encargó una misión a Izan, debía ir a matar a ese hombre llamado Jadiel, Izan estaba sin palabras, aseguró que era imposible asesinar a ese hombre, tenía suficientes hombres como para defenderse e Izan no tenía tanta experiencia en combate como Jadiel, Azazel aseguró que no importaba el procedimiento, solamente quería ver muerto a Jadiel, Izan preguntó por qué no lo asesinaba él mismo, Azazel no quería ensuciarse las manos matando a Jadiel, a parte ya era hora de que Izan comenzara a realizar misiones peligrosas, Izan cerraba su puño por la rabia que tenía, no soportaba ser la marioneta de Azazel quien le dijo que le trajera la oreja de aquel hombre llamado Jadiel, Izan se retiró pero antes tomó una pequeña harpa que estaba en el hogar de Azazel, el Vigilante le gritó que su trabajo era asesinar no tocar instrumentos, Izan se volteó y aseguró, el instrumento era para su monstruo

Aday, Azazel se quedó sin palabras y en seguida llamó a uno de sus músicos, ese hombre tendría la misión de enseñar a tocar a Aday, Azazel después de todo no podía negar la paternidad de Aday ya que ambos tenían el cabello de color rojo.

Izan iba caminando junto con *Tulio* quien era el músico de Azazel, Izan explicaba que Aday era un joven muy diferente a los demás, no debía sorprenderse al verlo ya que Aday era un completo monstruo, Tulio no decía nada de momento e Izan preguntó si estaba asustado, Tulio no dijo absolutamente nada, pero Izan notaba el miedo y tenía razón de tenerlo, los Nephilim eran criaturas diferentes a los humanos y de violento carácter.

Al momento de llegar Aday estaba escondido en las sombras y no quería salir, Izan le invitó a salir ya que le tenía una sorpresa, Aday salió poco a poco y Tulio lo observaba con asombro,

Aday estaba con la cabeza abajo y Tulio se acercó a él, le dijo que de ahora en adelante vendría y le enseñaría a tocar el Arpa, Aday no sabía qué era eso, Tulio le mostró aquella pequeña arpa y Aday la observó con asombro, aseguró que jamás había tocado una, Tulio tenía poco tiempo tocando, pero su maestro Jubal le había enseñado muy bien, así que se pondrían manos a la obra mientras Izan se marchaba de su hogar, no sabía qué iba a hacer con su misión.

La mujer de mi compañero

Shemyasha esperaba durante la noche para ver a Saray, ya habían pasado los días establecidos para su encuentro, así que el Vigilante se adentró en el bosque.

Saray llegó con todas sus herramientas para comenzar a escribir, Shemyasha observó con agrado a Saray pero ella se veía preocupada, Shemyasha preguntó qué sucedía, Saray preguntó cómo había obtenido sus alas, Shemyasha aseguró, desde siempre había tenido sus alas, Saray se quedó callada y Shemyasha preguntó qué sucedía, Saray explicó lo sucedido con Marte, Shemyasha estaba sorprendido, a Karttikeya aún no le salían sus alas y esperaba que fuese de una manera diferente, Saray quiso cambiar la conversación y pidió a Shemyasha comenzar con las clases, Shemyasha ordenó los papiros dándole la forma de un libro, allí

comenzó a escribir y a enseñar a Saray quien al
ser inteligente aprendía muy rápido, Saray
preguntó por la historia de Azazel, Shemyasha
aseguró que Azazel era un Vigilante querido por
todos allá en su hogar, Saray preguntó, si Azazel
era respetado y querido por todos por qué se
comportaba de manera tan cruel, Marte era su
orgullo pero no lo visitaba ni estaba con él,
aparte de tener hijos por todas partes y no
prestar atención a ninguno, solamente quería
satisfacer su apetito sexual, Shemyasha estaba
incomodo por la conversación ya que se sentía
identificado, Shemyasha aseguró, la existencia
de los Vigilantes había cambiado drásticamente,
no era su culpa ya que al venir al mundo y
materializar sus cuerpos habían adquirido
ciertas características humanas, Saray aseguró
que incluso los humanos en ocasiones sabían
controlarse pero los Vigilantes a veces no
controlaban sus impulsos, Shemyasha aseguraba

que Saray tenía razón, sus acciones a veces se salían de control y eso era lo que los acercaba más a los humanos, Shemyasha aseguraba que sus días en la tierra habían sido diferentes a su hogar, Saray se levantó y se dispuso a marcharse a su hogar, Shemyasha preguntó si algo sucedía y Saray admitió estar agotada, Shemyasha preguntó si volverían a verse, Saray pidió dos días para su próximo encuentro, Shemyasha aceptó y se dispuso a regresar a su hogar.

Una vez allí el Vigilante observó la cantidad de sangre esparcida por su hogar, Shemyasha temió lo peor y tomó su espada, pero lo que encontró no era lo esperado, Karttikeya estaba sufriendo una especie de transformación, Shemyasha se acercó a él mientras Karttikeya gritaba del dolor, las alas comenzaban a tomar forma y Shemyasha usaba sus poderes para tratar de ayudar a Karttikeya pero era imposible, el sangrado no se detenía así que Shemyasha llevó a su hijo a un lago y lo sumergió, de esa manera Karttikeya se quitó toda la sangre y Shemyasha observó *Las alas de Urano,* esas eran hermosas y blancas al igual que las de su padre, pero Karttikeya se durmió así que Shemyasha lo cargó y lo llevó hasta su hogar.

Al salir el sol Shemyasha fue a ver a su hijo quien aún seguía acostado, Shemyasha despertó a Karttikeya quien se despertó a duras penas, su dolor no desaparecía, en seguida él observó sus alas y preguntó qué había sucedido, Shemyasha orgullosamente dijo que sus alas habían aparecido, con ellas podría volar por los cielos al igual que su padre, Karttikeya se sentía extraño con sus alas pero el dolor era tan fuerte que no podía levantarse, así que Karttikeya le dijo a su padre que tuviera paciencia ya que seguramente tardaría días en recuperarse.

Shemyasha estaba contento ya que su hijo podría volar por los cielos junto con él,

Shemyasha estaba impaciente, quería hablar con Saray sobre ese suceso ya que ambos estaban pasando por una situación similar.

Al llegar el momento, Shemyasha asistió al punto de encuentro con Saray quien asistió puntual como siempre, Shemyasha preguntó cómo seguía Marte, Saray aseguró que estaba recuperándose, así, Shemyasha contó lo ocurrido con su hijo, Saray se sintió tan identificada al escuchar lo vivido por Shemyasha quien aseguró que se había acordado de ella, ya que al igual que Saray Shemyasha llevó a su hijo a un rio para sumergirlo y limpiar sus heridas, Saray recordó que ella lo sumergió en su fuente de agua, Shemyasha lo sabía, solamente quiso resaltar la similitud, Saray preguntó si Karttikeya se había recuperado y Shemyasha aseguró que estaba en eso, la transformación había sido demasiado dolorosa para el joven así que aún estaba acostado en su hogar, no quería forzarlo ya que se imaginaba el dolor que sentía Karttikeya, Saray dio la razón a Shemyasha quien aseguraba que ya hablarían luego sobre ese tema, era momento de la lección de Saray, durante un buen rato Shemyasha ayudaba a Saray con su escritura, Shemyasha explicaba el conocimiento de las estrellas y enseñó a Saray a orientarse usando las estrellas, Saray estaba aprendiendo conocimiento prohibido para los humanos, Shemyasha estaba encantado con Saray, en ese momento Saray aseguró que ya había tenido suficiente conocimiento por ese día, Shemyasha preguntó cuando se volverían a ver, Saray aseguró que en dos días se verían nuevamente, Shemyasha preguntó por qué siempre pedía tanto tiempo, Saray aseguró, necesitaba tiempo para sus deberes y para practicar su escritura pero Shemyasha supo que había algo más, sin temor preguntó, Saray le costaba estar junto a Shemyasha ya que él le recordaba a Azazel, Shemyasha preguntó si aún lo amaba, Saray aseguró que su gran amor sería siempre Azazel, Shemyasha entendió y aseguró que respetaba su decisión, fue de esa manera como ambos se separaron y acordaron verse dos días después.

Shemyasha sintió celos de su compañero Azazel ya que no entendía cómo Saray podía resistirse a sus encantos, Shemyasha comenzó a sentir deseos carnales por Saray, pero no podía forzarla, ya que al tratarse de la mujer de Azazel podría tener problemas con su compañero, fue allí cuando Shemyasha comenzó a sonreír, ya había ideado un plan para lograr su cometido, Shemyasha se fue a su hogar y esperaba la recuperación de su hijo Karttikeya quien aún seguida adolorido por su transformación, Shemyasha no podía contener la emoción, quería que su hijo se recuperara para volar a su lado, fue así como el Vigilante tomó algunas herramientas y con sus poderes comenzó a forjar una armadura parecida a la suya, ese sería el regalo perfecto para Karttikeya, ya que de esa forma demostraría que era el primogénito de Shemyasha.

Al pasar los dos días Saray se dispuso a regresar para ver las clases de escritura con Shemyasha, pero quien salió del bosque la dejó sin aliento, Azazel se acercó a ella y sin nada que decir la abrazó y la besó, Saray no pudo contener sus ganas de estar con el Vigilante y se entregó a él sin pensarlo, Saray derramaba lágrimas de felicidad al estar nuevamente con su amado. Al terminar aquella velada, Saray aseguró que debían ir a su hogar, Azazel se negó diciendo que hacer el amor al aire libre era apasionante, Saray sonrió con las palabras de Azazel quien preguntó cuándo se volverían a ver, Saray aseguró que todas las noches de ser posible se vería con su amado, Azazel aseguró, todas las noches se iban a ver en ese mismo lugar, Azazel se marchó y Saray sonreía nuevamente, su amado estaba de vuelta y esa vez no lo dejaría ir tan fácil.

El forajido

Izan se encargó de seguir el paso de Jadiel el cual no fue difícil de encontrar ya que sus guerreros seguían atacando a todos los pueblos por igual, todos en seguida reconocieron a Izan y no lo atacaron, le dieron paso para que hablara con Jadiel.

Jadiel recibió a Izan y el joven pidió hablar en privado con él, Jadiel aceptó y rápidamente preguntó a Izan si había asesinado al monstruo de su hermano, Izan aseguró, no iba a matar a nadie pero le iba a dar una valiosa información, Jadiel preguntó cuál era esa información e Izan aseguró que Azazel quería su cabeza, Jadiel comenzó a sonreír, sabía que el Vigilante mandaría a alguien para que se ocupara de él pero jamás imaginó que sería un niño, Jadiel sonreía mientras Izan se quedaba viéndolo seriamente, Jadiel se puso serio y preguntó si

Izan era el asesino que habían mandado para liquidarle, Izan afirmó eso y preguntó a Jadiel qué podrían hacer, Izan estaba de acuerdo con las cosas hechas por Jadiel pero no quería que siguiera matando humanos, Jadiel aseguró que no podía estar pendiente de las acciones de sus hombres, eran demasiados, Izan le dijo que si quería hacer la guerra en contra de los Vigilantes tendría que encontrar a más hombres, Jadiel estaba de acuerdo con Izan, pero ahora que Izan había sido enviado para asesinarlo las cosas cambiaban, Jadiel tenía un plan, ya todos sabían quién era él, así que debía desaparecer por un buen tiempo y así comenzar a reclutar hombres dispuestos a frenar el dominio de los Vigilantes, Izan estaba encantado con esa idea ya que las cosas serían más fáciles para él pues matar a Jadiel en su campamento era un suicidio, Jadiel aseguró que saldría de vista pública y dejaría a su segundo al mando para que se ocupara de todos sus hombres, de esa manera Jadiel crearía un segundo ejército para frenar la oleada de Nephilim quienes crecían con el pasar de los días, Izan recordó la oreja pedida por Azazel, Jadiel fue hasta un esclavo y sin piedad le cortó una oreja, Izan se quedó sorprendido ante ese acto de crueldad por parte de Jadiel, Izan aseguró que Azazel no era tonto, se daría cuenta de que no era la oreja de Jadiel, así que aquel bandido se cortó su mano con un cuchillo y tomó aquella oreja y la cubrió con su sangre, Izan aseguró que ese plan podría funcionar pero también podría fallar, Jadiel pidió un tiempo para reclutar hombres a su causa, de esa manera arrasarían con todos los hijos de los Vigilantes, Izan acordó eso con Jadiel quien dijo a Izan que faltaba una última cosa, Izan se quedó sin palabras mientras Jadiel ordenó entrar a dos de sus hombres y Jadiel junto con ellos se dispusieron a golpear a Izan quien peleaba duramente pero fue vencido por aquellos hombres, Izan aseguró que Jadiel era un traidor, pero el bandido se defendió asegurando que gracias a la golpiza que había recibido Izan el Vigilante no sospecharía nada de su plan, Izan en seguida entendió lo ocurrido y Jadiel sugirió a Jadiel tomar esa golpiza como una muestra de lealtad, Izan entendió eso y se marchó del campamento.

Izan se dispuso a retornar a su aldea la cual seguía llena de cadáveres por toda aquella masacre, Izan se enfureció al ver nuevamente a los Nephilim haciendo de las suyas ya que esos monstruos se dedicaban a comerse la carne de los fallecidos y a beber su sangre, Izan estaba enojado por eso ya que incluso, se rumoraba por la aldea de ciertos actos sexuales entre aquellos cadáveres y los Nephilim.

Izan llegó al hogar de Azazel y al verlo le arrojó aquella falsa oreja, luego de eso Izan cayó al suelo arrodillado del dolor para probar que no mentía, Azazel sonrió y agarró aquella oreja y la colgó como si de un trofeo se tratase, Azazel comenzó a reírse de Izan ya que el joven se veía golpeado, Azazel lo felicitó pero Izan le dijo que controlara a los hijos de los demás Vigilantes ya que ellos se dedicaban a comer carne humana, bebían sangre humana e incluso tenían relaciones con los cadáveres de la batalla, Azazel sonreía mientras aseguraba que ellos podrían hacer lo que quisieran ya que habían nacido en esa tierra y tenían todo el derecho de disfrutar de los placeres que esta ofrecía, Izan supo que Azazel estaba enfermo, nada de lo que hacían los Nephilim era correcto, Izan se retiró molesto con Azazel quien no sospechó nada de lo que había ocurrido, eso era un principio de que Azazel se estaba confiando, esa era una de las características de los humanos y ahora Azazel la estaba aplicando para sí mismo cosa que resultaba muy conveniente para Izan.

Al llegar a su hogar Izan observó a Aday tocar aquella arpa con pasión, aunque todavía estaba aprendiendo Izan se sorprendió, ya no estaba seguro de que un monstruo como Aday pudiera tocar ese hermoso instrumento.

El engaño

Los días pasaron y Saray se enamoraba día a día
de Azazel, era como en los viejos tiempos, Saray
iba todas las noches a ver a su amado dejando
todo lo demás a un lado, incluso a su hijo Marte
quien ya estaba casi recuperado de aquella
transformación. Saray tenía una obsesión, quería
retener a Azazel a cualquier costo, fue por eso
que en uno de sus encuentros hizo lo posible
para quedar embaraza de Azazel nuevamente,
pero sabía que eso no le funcionaría del todo, en
aquellas aldeas comenzó a correr un rumor
sobre una poderosa bruja, ella se encargaba de
hacer hechizos, amarres de amor, magia negra y
todo tipo de rituales, Saray sabía realizar
algunos hechizos, pero nunca había aprendido
nada tan poderoso como todo lo que decían de
aquella mujer, Saray tenía dudas sobre eso, pero
decidió hacerlo, así fue como una noche, se

adentró en llamado *Bosque del Sur*, todas las personas aseguraban que allí, en una pequeña cueva vivía aquella bruja, Saray estaba asustada ya que había decidido ir de noche, Saray caminó por aquel bosque y seguía las indicaciones que le habían dado, justamente al pasar por un árbol una persona se acercó a ella, su rostro estaba cubierto, Saray sintió miedo, aquella persona preguntó por qué ella estaba tan sola en aquel bosque, Saray aseguró que iría a visitar a una poderosa hechicera, la persona aseguró que ella era aquella hechicera, Saray pidió ver su rostro pero la hechicera se negó asegurando que no podía mostrar su rostro a todas las personas, sería peligroso hacer eso, Saray entendió y la bruja la invitó a su hogar. Al entrar Saray observaba todas las cosas que allí había, restos de animales extraños y diferentes a los habituales, Saray preguntó por qué algunos animales habían cambiado su forma, la bruja aseguraba que muchas de las criaturas habían cambiado su apariencia debido la perversidad de los Nephilim y de los Vigilantes, ellos se habían corrompido en todas las maneras posibles y los animales no se habían escapado de tal perversión, Saray estaba impresionada por eso, la bruja preguntó en qué podía ayudarle, Saray quería hacer un hechizo para poner a sus pies a Azazel, la bruja aseguró que se trataba de un proyecto ambicioso, pero tenía un precio que pagar, Saray preguntó cuál era el precio, la bruja aseguró que para que el hechizo funcionara debía recolectar un poco de sangre de Azazel y traerla, Saray aseguró que eso era imposible, Azazel nunca permitiría eso, la bruja comenzó a reír y aseguró que Azazel no permitiría eso, pero su hijo lo haría, Saray preguntó cómo sabía que ella y Azazel tenían un hijo, la bruja aseguró que ella podría ver cosas sobrenaturales, la bruja aseguró que si conseguía un poco de sangre le aseguraba que aquel Vigilante sería suyo para siempre, Saray no estaba convencida de eso así que pidió a la bruja un tiempo para pensarlo, la bruja aseguró que lo pensara bien, el amor de su vida estaba al alcance de unas cuantas gotas de sangre, Saray se levantó y retornó a su hogar y se acostó a dormir.

Al día siguiente Saray seguía dudando del plan de la bruja, al llegar la noche Azazel apareció en el punto de encuentro como de costumbre, Saray se desnudó ante Azazel quien entró en ella sin palabra alguna, Saray no paraba de besar a Azazel y fue allí cuando tomó la decisión de hacer el trato con aquella bruja, no quería perder nuevamente a su amor. Al salir el sol, Saray se acercó a Marte con mucha cautela, le preguntó si estaba bien y él le aseguró que se encontraba mejor, Saray observaba que sus heridas estaban aún frescas y mientras acariciaba a su hijo tomó un poco de su sangre en un recipiente, Marte no se dio cuenta de eso y en seguida Saray se encaminó hasta el hogar de aquella bruja.

Al llegar la bruja aseguró que sabía que ella retornaría, Saray aseguró que ella no quería perder nuevamente el amor de Azazel, la bruja aseguró que retener a un Vigilare era tarea difícil, ellos eran seres materializados, por esa razón les era tan fácil caer en la tentación y en el pecado, Saray aseguró que las mujeres quienes convivieron con los Vigilantes eran igual de pecadoras que ellos ya que aquella unión no era vista con buenos ojos ante los demás hombres y, en parte estaba segura de que el Creador no lo aprobaba, ya que su padre se lo había advertido, pero ella no lo escuchó, la bruja sonreía mientras preparaba aquella poción, la bruja se paró en frente de Saray y puso en sus manos un pequeño recipiente con un líquido, Saray debía beber ese líquido antes de ir a ver a Azazel, cuando el

Vigilante la besara ella notaria poco a poco los efectos, Saray preguntó si habría algún efecto secundario, la bruja aseguró que se preparara para sentir el verdadero amor de un Vigilante, Saray estaba contenta y a la vez asustada, pero haría lo necesario para retener a Azazel.

Saray esperó hasta el siguiente encuentro con Azazel, ese día, puso maquillaje en su rostro, sus manos tenían múltiples adornos y tenía un hermoso collar, su piel fue bañada con rosas y esencias para seducir a Azazel. Al caer la noche, la luna estaba hermosa, su color dorado era todo un espectáculo, los cabellos de Azazel se podían ver a lo lejos y Saray cayó enamorada al verle, rápidamente tomó aquella poción la cual tenía un sabor amargo, Azazel fue bajando poco a poco, sin decir nada se acercó a Saray y la besó apasionadamente, Azazel estaba desesperado por entrar en Saray, aquel baño de rosas y su perfume despertaron aún más el sentimiento de lujuria en el Vigilante quien comenzó a desvestir a Saray hasta que se consumó el acto, Saray besaba a Azazel con profundidad, ella esperaba los efectos de aquella poción, así fue como mientras Azazel estaba sobre Saray el Vigilante fue cambiando de apariencia, Saray notaba como el cabello de Azazel dejaba de ser rojo y comenzaba a transformarse en un color castaño, los rasgos de su rostro cambiaban y el Vigilante no se daba cuenta, Saray no entendía qué sucedía hasta que ya era obvio el rostro del Vigilante, Saray comenzó a llorar mientras decía *-Shemyasha suéltame-* , el Vigilante estaba tan seducido por Saray que no prestaba atención a las palabras de ella, Shemyasha no se había dado cuenta de que su habilidad para cambiar de forma se había desvanecido, Saray empujó a Shemyasha quien cayó de un lado en el suelo y observó su cabello de color castaño, Saray lo veía llorando con desprecio, Shemyasha comenzó a toser y preguntó cómo había logrado evadir su ilusión, Saray tomó su ropa para cubrir sus partes íntimas mientras lloraba, Shemyasha intentó acercarse pero Saray le pidió que por favor no le hiciera más daño del que ya le había hecho, Shemyasha aseguró que ella no estaba enamorada de Azazel, simplemente estaba obsesionada con él ya que todos esos días ellos habían hecho el amor y ella quedaba enamorada de la habilidad de Shemyasha, Saray entre lágrimas acusó a Shemyasha de ser un aprovechado y pervertido ya que la había embarazado, Shemyasha se quedó sin palabras, no esperaba embarazar a Saray pero le pidió que tomara las cosas con calma, ahora sería madre de uno de los hijos de Shemyasha, Saray continuaba llorando, ya que Shemyasha le había robado la oportunidad de volver nuevamente con Azazel, Shemyasha agarró nuevamente a Saray y le apretó el rostro con su mano asegurando que ella ahora le pertenecía a él, Saray se marchó llorando y Shemyasha le advirtió, quería verla dentro de dos días para discutir qué harían con aquel bebe, Shemyasha no quería tener problemas con Azazel así que se encargaría de idear un plan para tapar su maldad, aunque en el fondo, no se arrepentía de nada, ya que no solamente había abusado de Saray usando la apariencia de Azazel sino que también en aquella aldea se había acostado con alguna de las ex amantes de Azazel.

Una mujer cruel

Shemyasha abandonó aquel lugar y se dispuso a marcharse a su hogar, las cosas no habían salido como él quería, Saray lo había desenmascarado y estaba embarazada, Shemyasha planeaba culparla de todo lo ocurrido, Shemyasha no tenía miedo de Azazel, pero prefería no tener que enfrentarse a él por una mujer, otra cosa que preocupaba a Shemyasha era que si Saray estaba embaraza las demás mujeres también posiblemente lo estarían, Shemyasha puso su mano en la frente mientras sonreía, no había pensado en las consecuencias de sus actos, pero se había divertido.

Saray se fue a su hogar con el corazón destrozado, había sido abusada por Shemyasha en múltiples ocasiones y ahora debía preocuparse por aquel bebé quien crecía en su vientre, pero Saray no estaba dispuesta a criar un bebé de Shemyasha, ella estaba segura de que podría hacer algo para evitarlo.

Saray se encaminó nuevamente al hogar de aquella bruja, al llegar Saray le reprochó aquel engaño, la bruja sabía que él no era Azazel, la bruja entre engaños y mentiras aseguraba que ella era inocente de toda culpa, Saray fue directa con la bruja, no quería tener el bebé de Shemyasha, la bruja con sus ojos hermosos aseguró tener la solución a eso, Saray tenía pensado sacrificar al bebé apenas naciera pero la bruja aseguró tener un método más efectivo, Saray preguntó de qué se trataba, la bruja aseguró que podrían matar al bebé incluso antes de que naciera, de esa manera nadie sabría que Saray había tenido algún romance con Shemyasha, Saray gritó que Shemyasha la había violado, ella nunca quiso nada con él, la bruja sonreía mientras aseguraba que Saray se había divertido con Shemyasha le gustara o no, Saray

derramó unas cuantas lagrimas por todo lo
sucedido, en seguida preguntó qué debía hacer
para preparar aquella poción, la bruja tenía
todos los ingredientes necesarios, no haría falta
buscar nada, así que, Saray solamente debía
esperar un día, Saray agradeció a la bruja y
esperó, Saray se marchó a su hogar y su hijo
Marte ya se veía mejor, sus alas podían moverse
al igual que las de su padre e incluso aseguró
que ya estaba preparado para volar al igual que
su padre, pero Saray le pidió que esperara unos
días, sus heridas aún seguían latentes, Marte no
prestó atención a las palabras de su madre y
comenzó a mover sus alas, Marte poco a poco
comenzaba a levantar el vuelo y su madre le
decía que se detuviera, era peligroso volar con
sus heridas, Saray comenzó a sentir sangre en su
rostro, ella se preocupó y se preguntaba de
dónde venía toda esa sangre, cuando se dio
cuenta Marte comenzó a descender cayendo al

suelo completamente cubierto de sangre, Saray corrió hasta su hijo quien estaba adolorido en el suelo y manchado de sangre, Saray tomó un recipiente y comenzó a recolectar la sangre de Marte, ya que le podría servir en un futuro, Marte estaba adolorido y en seguida su madre lo bañó, ella lo reprendió ya que le había advertido que aún no podía volar, debía recuperarse y pedirle a su padre que le enseñara a volar, Marte aseguró que aprendería a volar sin su padre, Saray siguió acariciando a su hijo mientras que él se dormía, fue allí cuando se encaminó al hogar de la bruja nuevamente, una vez allí aquella bruja tenía un recipiente con aquel liquido el cual quitaría la vida del bebé de Saray, la bruja aseguró que una vez que lo tomara aquella pócima su bebé moriría y sería drenado por su parte intima, a eso se le conocía como *Aborto*, Saray agarró aquella poción y se marchó del hogar de la bruja quien estaba complacida en ayudar a Saray.

Al caer la noche Saray se adentró en el bosque para su reunión con Shemyasha, durante toda la tarde Saray pensó sobre aquella decisión, tener al bebé de Shemyasha le traería problemas con Azazel y no tenerlo le traería problemas con Shemyasha, Saray seguía sin tomar una decisión y en ese momento Shemyasha llegó, Saray soltó unas lágrimas y antes de que el Vigilante pusiera un pie sobre la tierra Saray se tomó aquella poción, en seguida sintió un fuerte dolor en su vientre y se arrodilló, Shemyasha corrió hasta donde estaba Saray quien se retorcía de dolor en el suelo, Shemyasha tocó el vientre de Saray y pudo sentir como aquella criatura dentro del vientre de Saray moría, Shemyasha no entendía qué estaba sucediendo hasta que comenzó a ver el sangrado, Shemyasha preguntó a Saray qué había hecho, Saray aseguró que jamás tendría un hijo de Shemyasha ni de otro Vigilante que no fuese Azazel, Shemyasha en seguida la soltó y la llamó asesina, Shemyasha quien estaba molesto pensó en lo que estaba ocurriendo, en seguida tomó por el cabello a Saray y le preguntó quién le había enseñado aquella malvada práctica del aborto, Saray se negó a decirle y así fue como Shemyasha quien estaba molesto agarró a Saray por el cabello y le aseguró que si no quería ver su rostro deformado y poco atractivo le diría quién había sido aquella persona que le había ayudado con eso, Saray aseguró que se trataba de una bruja la cual vivía en el bosque del sur, Shemyasha en ese momento recordó que en el pasado, hace tiempo, él le había enseñado ese secreto a una sola persona, Shemyasha entendió que aquello había sido un gran error, el Vigilante estaba tan furioso que se olvidó de Saray y la dejó en el suelo, Shemyasha tenía asuntos pendientes por resolver.

Impedir la venganza

Shemyasha dejó que pasara la noche, cuando el sol salió usando su habilidad cambió su rostro y comenzó a caminar por la aldea, su intención era dar con el paradero de esa bruja, durante un buen rato estuvo caminando entre las personas hasta que un anciano aseguró que en el bosque del sur podría encontrar a esa poderosa hechicera, Shemyasha apretaba su puño al escuchar todo lo que decían de la bruja, Shemyasha se encaminó hasta aquel bosque, aún seguía molesto por todo lo que ocurrió, Saray se había atrevido a quitarle la vida a uno de sus hijos y eso no lo iba a tolerar.

Shemyasha esperó que fuese la media noche, su furia aumentaba en cada momento hasta que llegó la hora, Shemyasha se encaminó hasta el hogar de la bruja, ella estaba afuera de su hogar y Shemyasha rápidamente saltó sobre ella y la tomó por el cuello, Shemyasha la llamaba asesina mientras la bruja se reía, ella argumentaba que Shemyasha no podía culparla por lo que ella era, él había hecho todo mal desde que llegó y ahora estaba recogiendo todo lo que había sembrado, Shemyasha arrojó a la bruja al suelo y se dispuso a golpearla, la bruja comenzó a gritar ya que Shemyasha comenzó a golpearla.

En el hogar de Shemyasha, Karttikeya quien estaba durmiendo pudo sentir los gritos de su madre, Karttikeya se despertó y aún podía sentir aquel dolor, Karttikeya de esa forma comenzó a estirar sus alas y aún con heridas y con dolor levantó el vuelo hasta llegar a donde su madre era torturada.

Shemyasha continuaba golpeando a la bruja y de repente alguien desde el cielo lo golpeó fuertemente, Shemyasha quedó tendido en el suelo, el golpe había sido fuerte, Shemyasha se levantó dispuesto a luchar pero en seguida veía la forma en que su hijo Karttikeya ayudaba a Nekhbet, su madre, Shemyasha le pidió a Karttikeya hacerse a un lado y que no se metiera en sus problemas, Karttikeya aseguró que si seguía golpeando a su madre debería enfrentarse a él, Shemyasha aseguraba que su madre era una asesina, no merecía la protección de nadie, Karttikeya dijo a su padre que no seguiría discutiendo con él y que de ahora en adelante él viviría con su madre, Shemyasha estaba furioso por eso y le aseguró que si se iba con su madre no iba a saber más de él, Karttikeya aseguró no importarle en lo absoluto y restregó a su padre que ya era libre de irse con la mujer que él quisiera ya que por todos era sabido lo que su padre hacía, Shemyasha en seguida se marchó de allí dejando solos a Nekhbet y a Karttikeya, Nekhbet se levantó y agradeció la ayuda de su hijo y lo abrazó

asegurando que con esas alas se veía muy
guapo, Karttikeya preguntó por qué su padre la
acusaba de asesina, Nekhbet contó lo ocurrido
con su padre, al principió Shemyasha estaba
enamorado ciegamente de ella, pero luego
Shemyasha comenzó a tener romances fuera del
matrimonio, Nekhbet admitió haber sentido
odio en su interior por aquellas mujeres quienes
eran sus criadas, por esa razón ideó un plan para
asesinarlas, Karttikeya estaba aterrado por lo
que había ocurrido, pero Nekhbet siguió
contando la historia, ella se dedicaba a observar
de cerca a Shemyasha y fue testigo de toda su
corrupción, pero luego Shemyasha comenzó a
verse con Saray, la esposa de Azazel, Shemyasha
al ver que no podía tenerla utilizó sus
habilidades para cambiar de forma y lucir como
Azazel, eso enojó tanto a Nekhbet que sabía que
algún día tendría la oportunidad de vengarse,
Karttikeya preguntó qué le había hecho a su

padre para que él se pusiera tan furioso,
Nekhbet comentó que ella debía buscar alguna
manera de sobrevivir, por eso se puso al servicio
de las demás personas, utilizaría todo aquello
que Shemyasha le había enseñado, por eso las
personas la conocían, Nekhbet también dijo a
Karttikeya que Saray había quedado
embarazada y había buscado la forma de hacer
un amarre de amor a su amado Azazel quien en
realidad era Shemyasha, todo se hizo fácil
cuando Saray llegó a pedir ayuda, así que
Nekhbet preparó una poción para revertir el
hechizo de Shemyasha y desenmascararlo, Saray
descubrió a Shemyasha y admitió, no quería
tener un bebé de Shemyasha, de esa forma Saray
volvió a buscarla y ella preparó una poción la
cual le había enseñado Shemyasha para asesinar
al bebé antes de que naciera, Karttikeya estaba
perplejo de todas las cosas malas que su madre
había hecho, Nekhbet no esperaba que su hijo la

perdonara, ella se había perdido en el mundo de la vanidad y de la brujería, ahora estaba dedicada al mundo del ocultismo y de la brujería, las lecciones de Shemyasha eran importantes así que ella se encargaría de esparcir todo aquel conocimiento, Karttikeya preguntó si podría quedarse con ella, de esa manera podría aprender y ayudarla, Nekhbet aceptó la ayuda de su hijo, pero detrás de eso había un objetivo oculto, Nekhbet utilizaría la sangre de su hijo para realizar sus rituales y como medida de protección, ya que estaba segura de que Shemyasha no se quedaría con las manos cruzadas.

Hijos de los hombres

Jadiel abandonó su campamento y su segundo al mando llamado *Enós* aseguró que mantendría a sus hombres listos para la batalla.

Jadiel usaba dos espadas y una armadura en su pecho, estaba decidido a pelear en contra de los hijos de los Vigilantes antes de que ellos crecieran y aumentaran su tamaño, pero necesitaría hombres valientes y fuertes para lograr su cometido.

Jadiel observó cómo cada tierra que visitaba tenía exactamente el mismo problema, algunas aldeas de hecho habían sido aniquiladas por los Nephilim, eso asustó a Jadiel ya que si esa era la destrucción mientras los Nephilim aún estaban en crecimiento cómo sería si ellos aumentaban su tamaño, Jadiel subió una montaña la cual quedaba cerca del Monte Hermón, subirla fue difícil y bajarla incluso peor, Jadiel pretendía llegar hasta un lugar llamado *Las tierras olvidadas,* siguiendo los relatos de sus antepasados de esas aldeas, existían rumores de aldeas las cuales no habían sido tocadas por los Vigilantes, Jadiel esperaba que eso fuese cierto, la tierra era inmensa y Jadiel necesitaba refuerzos humanos, fue allí cuando en frente de Jadiel el camino terminaba, tal y como sus ancestros habían comentado, Jadiel ahora no sabía qué hacer hasta que detrás de él comenzaron a llegar hombres quienes estaban armados con lanzas, Jadiel observó la manera en que esos hombres le rodeaban, el líder de estos hombres apareció, su nombre era *Aron,* rápidamente tomó su lanza y le preguntó a Jadiel quién era y por qué razón había invadido sus tierras, Jadiel dijo su nombre y en seguida aseguró que él no había venido a invadir, él había ido a advertirles sobre los Vigilantes, Aron preguntó quiénes eran los Vigilantes, Jadiel afirmó que ellos eran quienes habían creado todas aquellas lanzas que ellos usaban, aquellos hombres sonrieron, estaban seguros de que Jadiel estaba mintiendo, quien les había proporcionado esas armas había sido un hombre llamado Tubalcain, Jadiel sonrió y preguntó a Aron si sabía quién le había enseñado a Tubalcain a preparar el hierro para fabricar armas, Jadiel dio las características de Tubalcain y Aron se sorprendió, ya que Jadiel conocía a Tubalcain, Jadiel afirmó que Tubalcain era el padre de la minería pero ese conocimiento no venía de su mente, un Vigilante llamado Azazel fue quien dio instrucciones a Tubalcain para tomar el hierro y forjar espadas, escudos, puntas de lanza y armaduras, aquellos hombres se quedaban sorprendidos de todo lo que decía Jadiel, pero allí no terminaba la historia de Jadiel, en seguida les advirtió de todas las aberraciones hechas por los Vigilantes, quienes violaban mujeres, mataban hombres y enseñaban todas sus malas costumbres a los humanos, Aron en seguida invitó a Jadiel a su aldea para hablar con mayor claridad.

Jadiel nunca había visto una aldea tan ordenada como esa, esos hombres eran un poco más altos que los hombres promedio y sabían defenderse muy bien, ya que hasta los niños comenzaban a ser entrenados desde muy jóvenes.

Al caer la noche todas las personas del pueblo escuchaban los relatos de Jadiel quien describía las atrocidades de los Vigilantes y de todas las consecuencias de sus enseñanzas, Aron preguntó cuál era el motivo de su visita, Jadiel fue honesto, aseguró que tenía muchos hombres a su disposición quienes le estaban esperando, Jadiel había ido a buscar más hombres, quería atacar a los hijos de los Vigilantes antes de que estos se convirtieran en adultos y fuesen imparables, Aron aseguraba que su aldea estaba a salvo, Jadiel sonrió y aseguró que nadie estaba a salvo, cuando los Vigilantes se aburrían de las mujeres de las aldeas simplemente buscaban aldeas nuevas y comenzaban a corromper todo a su paso, un aldeano comerciante se levantó entre todos, su nombre era *Elio* quien caminó hasta donde estaba Jadiel y aseguró que sus palabras eran todas ciertas, Elio al ser comerciante había viajado en muchas ocasiones y por diferentes aldeas, Arón preguntó a Elio por qué nunca había dicho nada, Elio aseguraba que nadie jamás le creería ya que esas criaturas eran grandes para ser apenas unos niños e incluso algunos de ellos tenían alas, Arón se quedaba impresionado por todo eso, Jadiel aseguró que ni siquiera los animales se salvaban de aquella perversión, por esa razón debían detenerlos antes de que siguieran contaminando todo a su paso, Arón preguntó a sus habitantes qué debían hacer, era una decisión que no podía tomar solo, Jadiel les advirtió que si no hacían un sacrificio entre todos poco a poco los hijos de los hombres dejarían de existir, ya que los Nephilim eran bebedores de sangre e incluso, algunos animales habían sido corrompidos por estas criaturas, Elio aseguró que incluso habían dos aldeas, en una de ellas había un Nephilim llamado *Montu*, él era considerado una deidad, ese perverso se encargaba de recibir sacrificios humanos y de corromperse en todas las maneras posibles, en la otra aldea estaba la poderosa *Badb,* quien era una malvada bebedora de sangre de humanos, las personas estaban aterradas por todo eso, incluso el mismo Jadiel estaba sorprendido, solamente conocía las perversiones de Shemyasha y de Azazel junto a sus Vigilantes de menor rango, pero de aquellos quienes habían abandonado las aldeas cercanas no sabía nada, Arón tomó su decisión y las demás personas lo respaldaron, debían poner fin a todo eso, pero Arón no podía ir solo a pelear, cuando saliera el sol enviaría mensajeros a otras aldeas para que lo acompañaran, Jadiel estaba contento por todo lo que había logrado, ya todo comenzaba a prepararse para poner fin a esa amenaza de los Nephilim de una vez por todas.

Hermanos disparejos

Izan se relajaba en su hogar, aquella melodía de Aday era simplemente hermosa, Izan se preguntaba a sí mismo si de verdad estaba comenzando a apreciar a Aday o simplemente sentía lastima por él, Izan no quería pensar en eso, pero le era imposible no hacerlo, su madre siempre estaba en sus pensamientos, al igual que aquel sentimiento de impotencia al no poder hacer nada para detener a Azazel, solamente esperaba que Jadiel encontrara suficientes hombres como para hacer una rebelión.

Aday se acercó a Izan, quería pedirle un favor, Izan preguntó de qué se trataba, Aday con la mirada abajo preguntó si podía ir a su antigua aldea, allá se encontraba el maestro Jubal, Aday quería ir a ver clases con él e Izan se quedó sorprendido, nunca pensó que Aday podría pedir semejante cosa, Izan aseguró que lo llevaría y arreglaría el antiguo hogar de su madre para que ambos pudieran vivir allí mientras Jubal enseñaba a Izan algunas técnicas de arpa, Aday se emocionó y ambos abandonaron aquella aldea.

Izan caminaba por aquel bosque pero Aday quien tenía el cuerpo tan deforme era quien sufría ya que no podía caminar bien, Izan tomó el arpa de su hermano y le ayudó a caminar, Izan comprendía el dolor de Aday así que de vez en cuando se detenían a descansar.

Aday e Izan pasaron la noche en aquel bosque y ambos observaban a las estrellas, Aday preguntó quién las había creado, Izan se sorprendió por la pregunta de Aday, Izan explicó a Aday quién era el Creador, Aday se sorprendía, solamente rezaba cuando su madre se lo pedía pero nunca había escuchado una historia como la de Izan quien aseguraba que el Creador había creado todo, Izan aseguró que seguramente su madre había comentado algo sobre el Creador ya que ella era una fiel creyente, Aday aseguró que no recordaba nada de ese tema, ambos se durmieron, debían partir al día siguiente a primera hora.

El camino era largo para ambos, Izan sabía que gracias a Aday el camino se haría largo, pero no podía hacer nada más pero Izan notó la presencia de alguien más, en seguida sacó su cuchillo y se preguntó quién estaba detrás de los árboles, repentinamente unos hombres salieron de su escondite, Izan preguntó quiénes eran ellos, aquellos hombres aseguraban venir de las aldeas vecinas en donde mandaban los Vigilantes, Shamsiel, Daniel, Ar'taqof y Kashdejan, Izan se sorprendió de eso y preguntó qué estaban haciendo tan lejos de sus aldeas, esos hombres estaban escondidos en aquel bosque, en sus aldeas era imposible vivir debido a los hijos de los Vigilantes quienes torturaban y mataban simplemente por diversión, Izan aseguraba que la aldea en donde gobernaba Shemyasha las cosas no eran diferentes, aquellos hombres aseguraban que con Shemyasha se podía hablar pero los otros Vigilantes eran perversos y no les importaba nada, incluso muchos de ellos pedían a todos los hombres de las aldeas que se cortaran y que derramaran su sangre en la copa de los Vigilantes para ellos beberla, Izan estaba asqueado por todo eso, uno de los hombres preguntó por qué ese Nephilim estaba con él, Izan aseguró que era su hermano y era un músico quien iría a ver clases con Jubal, los demás hombres aseguraban que los Nephilim eran monstruos, Aday se quedaba callado ante todas las malas palabras de esos hombres, Izan aseguró que tenía un plan para acabar con los Nephilim pero debían esperar, aquellos hombres preguntaron cómo un niño como Izan podría tener un plan para acabar con los Nephilim, Izan les dijo que un grupo de hombres se estaban reuniendo para pelear en contra de los Nephilim, debían liquidarlos antes de que estos continuaran creciendo, aquellos hombres entendieron bien las palabras de Izan quien les reveló la posición del campamento de Jadiel, esos hombres en seguida se encaminaron hasta el campamento e Izan se puso contento, ya su causa estaba tomando rumbo, Aday preguntó a Izan qué sucedería con él después de la muerte de los Nephilim, Izan aseguró que a Aday no le pasaría nada si se portaba bien, Aday preguntó a Izan por qué odiaba a los Nephilim, Izan preguntó a Aday si le parecía poco todo lo que habían hecho aquella raza hibrida, Aday aseguró ser un Nephilim pero nunca se atrevería a hacer algo tan cruel como lo que hacían los de su misma especie, Izan no sabía qué responder, Aday aseguró también que antes de los Nephilim los humanos no eran muy fieles al

Creador, ellos pecaban y se mantenían bajo desobediencia, Izan sabía que Aday tenía razón en muchas de las cosas que decía así que no siguió discutiendo, simplemente se limitó a seguir ayudando a Aday a caminar.

Ya faltaba un poco para llegar a la aldea, Aday pidió a Izan una manta para poder taparse, tenía miedo de que los de la aldea se burlaran de él, Izan sintió pena por Aday y en seguida tapó su cuerpo con una manta. Al entrar a la aldea Izan estaba irritado nuevamente, odiaba estar allí debido a los malos recuerdos que le traía y los Nephilim por todas partes haciendo de las suyas, Izan en seguida se encaminó hasta donde vivía su madre y allí pudo recordar aquella terrible escena, Izan trató de ser duro consigo mismo para que Aday no se sintiera mal, Aday recordó a su madre y le preguntó a Izan si estaba bien, Izan no respondió nada y aseguró que iría a buscar al maestro Jubal apenas saliera el sol, Aday agradeció a Izan quien se acostó, el viaje había sido largo y agotador.

El sol salió e Izan seguía durmiendo mientras Aday esperaba, Izan estaba agotado, pero se levantó y pidió disculpas a Aday por la demora, Izan se fue en seguida al hogar del maestro Jubal quien lo recibió amablemente, Izan pidió al maestro Jubal si podía dar unas clases a su hermano, pero el maestro Jubal aseguró que muchas personas iban desde lejos a ver sus clases, Izan dijo la verdad a Jubal, su hermano era un Nephilim quien tocaba el arpa pero estaba tan deformado que no se atrevía a salir de su hogar, Jubal entendió eso y aseguró que el día de mañana iría a visitar a su hermano y le daría unas cuantas lecciones, Izan agradeció a Jubal y le indicó en donde vivía, Jubal estaba asombrado, allí era el hogar de una conocida suya llamada Martha, Izan bajó la cabeza y

aseguró que Martha era su madre, pero ella
había fallecido, Jubal lamentó aquel suceso y
aseguró que él conoció a su madre, era una
lástima todo lo ocurrido, Izan afirmó eso y le
agradeció a Jubal por su ayuda.

Izan llegó a su hogar y le informó a Aday que
el día de mañana Jubal estaría allí para
adiestrarle, Aday se contentó y en seguida se
dedicó a practicar con su arpa, Izan se recostó un
poco pero en ese momento la herida de Izan
comenzó a sangrar, Izan entendió que Azazel lo
estaba llamando, Azazel preguntó a Izan por
qué había abandonado la aldea sin su permiso,
Izan aseguró que él era libre de hacer lo que
quisiera, Azazel sonrió y le ordenó presentase
ante su presencia, Izan aseguró que estaba
ocupado y Azazel lo forzó causándole un fuerte
dolor, Izan aceptó ir sin decir más, Aday quien
observó a Izan en el suelo preguntó qué le
sucedía, Izan aseguró que todo estaba bien, pero

debía dejarlo solo un tiempo, Aday pidió a Izan que lo dejara ir a su lado, pero Izan de negó, él debía quedarse y aprender a mejorar su técnica en el arpa, Aday se sintió triste ya que Izan adolorido abandonó su hogar para reunirse con Azazel.

Unión de las aldeas

Jadiel observaba todo el movimiento de los hombres, ellos se veían motivados y las cosas se pusieron mejor cuando los hombres de las otras aldeas comenzaron a llegar, todos habían respondido el llamado de Arón e irían a enfrentar a los Nephilim, Jadiel afirmó que ya era el momento de partir y reunirse con sus hombres ya que debía ponerles al tanto de lo que ocurriría, Jadiel pidió a Elio que guiara a Arón y a sus hombres hasta la aldea de Azazel, allí sería el primer ataque ya que esa aldea era la más cercana, Elio estuvo de acuerdo y Arón ya tenía todo preparado, Jadiel salió de aquella aldea con destino al campamento de sus hombres.

El camino era largo y peligroso, Jadiel al igual que Izan se encontró con criaturas las cuales habían sido víctimas de los Vigilantes ya que algunas tenían alas deformes y rasgos poco comunes, Jadiel trataba de esquivarlas ya que pelear en contra de esas criaturas era peligroso, pero entendía que una vez que acabara con los Vigilantes debería acabar con todas esas criaturas, de esa forma no quedaría ningún recuerdo de esos malvados. Jadiel había olvidado la promesa hecha a Izan, fue así como tomó su cabello y lo cortó utilizando su cuchillo, nadie debía saber que él estaba vivo.

Al llegar a la aldea de Azazel las personas no le reconocieron ya que pasaba desapercibido, debía pasar a través de la aldea ya que al otro lado sus hombres estaban ocultos, una vez al llegar su compañero Enós se sorprendió al verlo, había pasado algún tiempo desde su partida y ya no llevaba su cabello largo ni su barba, los demás hombres se alegraron de verle y preguntaron si había conseguido suficientes hombres para su causa, Jadiel afirmó que había conseguido suficientes hombres para hacer frente a los Nephilim, aunque en el campamento habían rostros nuevos, un grupo de hombres aseguraban haber sido enviados por un joven llamado Izan quien aseguraba que la rebelión tendría éxito, Jadiel sonrió por eso y aseguró que estaban en el lugar correcto, Enós preguntó hasta dónde había llegado, Jadiel aseguró que, en donde termina la tierra había otras aldeas las cuales no habían sido descubiertas por los Vigilantes, los hombres allí estaban armados con varas enormes las cuales tenían puntas de hierro, Enós estaba sorprendido y contento por todas las historias contadas por Jadiel, en ese momento Jadiel comió y bebió con todos y al día siguiente ordenó a cuatro hombres para que vigilaran la llegada de los hombres de Arón, los demás hombres debían prepararse para lo que venía.

Al otro lado del campamento de Jadiel los hombres de Arón se movilizaban rápidamente, pero el camino no les resultó fácil ya que las bestias al verlos intentaban atacarles pero afortunadamente ellos sabían defenderse y de esa forma observaban todas las bestias deformes y la perversión de los Vigilantes, Elio les recordó a todos que él se los había advertido, los Vigilantes habían estropeado la obra del Creador y por eso merecían ser aniquilados, los hombres de Arón ahora sabían a lo que se enfrentaban, pero allí Arón les recordó que solamente darían muerte a los Nephilim, no debían tocar por ningún motivo a los demás hombres ni a las mujeres ni a los niños, aquellos hombres aceptaron y continuaron su camino.

Después de unos cuantos días de camino los hombres estaban cerca de aquella aldea y lo que encontraban a su paso los dejaba sin palabras, las atrocidades de ese bosque jamás habían sido vistas por aquellos hombres quienes estaban asqueados ya que algunos Nephilim fueron vistos tocando de forma malvada y perversa a los animales, Arón quien no toleraba esas prácticas en seguida ordenó asesinar a cada Nephilim a la vista en aquel camino, Elio aplaudió las acciones de Arón mientras se adelantaba junto a él, ya la aldea estaba a la vista.

Arón veía aquella aldea, le parecía desagradable el solo observar a los Nephilim vivir entre los humanos, una completa abominación la cual sería erradicada dentro de poco, justamente allí aquellos hombres enviados por Jadiel fueron vistos por Arón, ellos en seguida lo saludaron y preguntaron si se trataba de Arón, Elio aseguró que ellos eran los refuerzos que todos esperaban, aquellos mensajeros debían informar a Jadiel que el ataque sería al día siguiente, después del amanecer, de esa forma los tomarían desprevenidos, los mensajeros de Jadiel partieron con aquel mensaje, los mensajeros una vez atravesaron la aldea y llegaron hasta el campamento de Jadiel y le aseguraron que mañana temprano sería el ataque, ya habían esperado demasiado tiempo, poco a poco las aldeas estarían aterradas solamente con escuchar los rumores de la destrucción de los Nephilim.

Un ataque coordinado

El sol apenas comenzaba a iluminar todo a su paso, la aldea de Azazel empezaba a levantarse cuando Jadiel dio la señal, los hombres de Arón comenzaron a correr hasta la aldea, los aldeanos empezaron a gritar y todo se tornó en un completo caos, los Nephilim quienes eran agresivos en seguida tomaron sus armas y comenzaron a pelear, aunque esos eran muy jóvenes su sed de sangre y de batalla era insaciable, los hombres de Arón estaban sin palabras ante la violencia de esos seres quienes no mostraban piedad alguna, Arón motivaba a sus hombres a pelear mientras que Jadiel, por la otra parte de la aldea se dedicaba a matar a hombres y mujeres por igual, Azazel al ver todo lo que sucedía se acercó al campo de batalla junto con sus otros Vigilantes quienes no podían interceder en aquella batalla, los demás

Vigilantes pidieron a Azazel usar sus poderes para frenar la batalla pero Azazel aseguró que no podía interceder ya que Shemyasha podría reprenderles a todos, en ese momento uno de los hombres de Arón usó su lanza para herir a Azazel quien estaba descuidado, aquel hombre lanzó su lanza tan fuerte que golpeó el pechó de Azazel quien sintió un dolor intenso, de no ser por su armadura habría quedado fuertemente herido, los demás Vigilantes en seguida fueron a socorrer a Azazel quien estaba adolorido pero no sorprendido, ya que en el pasado Izan lo había herido sin problema alguno, los demás Vigilantes si estaban conmocionados por eso, ya que, si Azazel quien es su jefe había sido golpeado por una lanza y había sentido el daño qué sucedería con todos ellos, los Vigilantes nunca habían sido heridos, no habían sentido el dolor, solamente Azazel conocía esa sensación.

Aquella masacre continuó y cada Nephilim al tener un alto grado de violencia se resistían al poderoso ataque de los hombres de Arón, pero los hombres de Jadiel se unieron con ellos y al tener experiencia peleando en contra de los Nephilim les motivaron a seguir adelante, Arón se lanzó al combate en contra de uno de estos Nephilim quien al tener un tamaño superior tenía la ventaja, Arón era diestro usando su lanza y esquivaba cada ataque del Nephilim, en seguida dos de sus hombres hirieron los pies de aquel Nephilim haciendo que cayera y Arón le remató con su lanza.

Jadiel y sus hombres no tenían piedad con nadie, las personas intentaban huir a los alrededores, pero les era imposible, Jadiel había planeado todo ubicando a sus demás hombres a los laterales de la aldea para que nadie pudiera escapar, Izan no sabía lo que ocurría, repentinamente al levantarse la aldea estaba siendo atacada, nadie le había avisado sobre el ataque, aunque el joven suponía que se trataba de Jadiel, en seguida intentó escapar de la aldea pero estaba complacido de ver como aquellos hombres enfrentaban con gran valor a los Nephilim, Izan tomó su cuchillo y comenzó a pelear a favor de los hombres de Jadiel en contra de los Nephilim pero Izan rápidamente notó que estos hombres mataban por diversión y no perdonaban a ningún aldeano, Izan se indignó por eso y les pidió que se detuvieran pero nadie lo escuchó, fue entonces cuando Izan comenzó a pelear en contra de uno de los hombres de Jadiel quien estaba golpeando a una mujer, Izan le ordenó detenerse pero aquel hombre continuó golpeando a la mujer e Izan, sin pensarlo dos veces lanzó su cuchillo enterrándolo en el pecho de ese hombre quien cayó al suelo muerto, el cuchillo atravesó su corazón matándolo, los demás hombres estaban molestos por eso y uno de ellos golpeó fuertemente a Izan dejándolo en el suelo inconsciente mientras seguía haciendo de las suyas. Los Nephilim continuaban asesinando a cada hombre a su paso sin piedad, sus instintos violentos estaban más dispuesto que nunca pero luego la ventaja numérica pasó a ser un factor muy importante, los hombres de Jadiel y de Arón poco a poco fueron cerrándoles el paso y los Nephilim fueron retrocediendo, en ese momento los Vigilantes quienes observaban aquella batalla notaron la gran desventaja de sus hijos y decidieron interceder creando una línea de fuego para separar a los hombres de los Nephilim, Arón al ver el poder de los Vigilantes decidió ordenar la retirada pero Jadiel quien estaba sediento de venganza ordenó seguir atacando, Arón preguntó si se había vuelto loco pero Jadiel confiadamente aseguró que los Vigilantes no iban a interceder una segunda vez, Jadiel observó el miedo de los Vigilantes y por

esa razón siguió adelante, los hombres de Jadiel
sin piedad alguna atravesaron aquella línea de
fuego y continuaron atacando, los hombres de
Arón al ver a los hombres de Jadiel pelear se
armaron de valor y atravesaron la línea de fuego
y la masacre comenzó, aquellos jóvenes
Nephilim intentaban defenderse, pero la
cantidad de hombres era tanta que uno por uno
iba perdiendo la vida, los Vigilantes lloraban al
ver a sus hijos morir a manos de aquellos
hombres, en seguida se encaminaron hasta el
Monte Hermón, allí invocarían a los demás
Vigilante para una reunión.

Problemas entre humanos

Izan despertó al poco tiempo de acabar aquella batalla y se ocultó entre las plantas para que nadie lo viera.

Los hombres se habían alzado con la victoria, los demás habitantes de la aldea de Azazel huían rápidamente de la aldea y los hombres de Jadiel les perseguían, Arón se puso en medio de todos y les ordenó que dejaran a los aldeanos en paz, su pelea era en contra de los Nephilim no en contra de los humanos, Jadiel aseguró que Arón no podía dar órdenes a sus hombres, ellos debían divertirse durante y después de la batalla con todo lo que quedara, Arón se acercó a Jadiel y le pidió tener un poco de clemencia, muchas de esas personas eran inocentes, Jadiel comenzó a sonreír argumentando que esas personas estaban expuestas a las malas costumbres de los Nephilim, Arón aseguró que las malas costumbres de los Nephilim eran iguales de terribles a las de sus hombres quienes mataban a hombres, mujeres y niños por igual, los hombres de Jadiel observaba cual iba a ser la reacción de su jefe pero Jadiel se tranquilizó, sabía que para conseguir la victoria sobre los Nephilim necesitaría de los hombre de Arón, pero sabía que debía hallar un plan para deshacerse de Arón.

Después de eso Jadiel ordenó a sus hombres mantenerse listos para la siguiente batalla, dentro de unos días todos se encaminarían hasta la aldea de Shemyasha y la liberarían de todos los Nephilim allí presentes, los guerreros de Jadiel estaban sedientos de sangre y de venganza, Aron estaba sin palabras ante todo esto pero una vez que vio a los Nephilim y todas las maldades que estos seres podían hacer ordenó a sus hombres estar listos para partir junto con Jadiel, debían exterminar esa raza lo antes posible antes de que crecieran y se reprodujeran. Jadiel se concentraba en reclutar a hombres mientras robaba todo el alimento de la aldea, ya que sus hombres necesitarían alimento y suficiente agua para llegar hasta la aldea de Shemyasha, muchos hombres se alistaron a las órdenes de Jadiel, aunque él había destruido su aldea los hombres lo veían como una figura que representaba a la humanidad y los liberaría del yugo en el cual vivían, Izan por su parte continuaba ocultándose entre la aldea, por ningún motivo debía permitir que lo capturaran, Izan escuchó la conversación con que tuvo Arón con Jadiel sobre las muertes de los aldeanos e Izan supo en seguida que Jadiel intentaría deshacerse de Arón para tomar a sus hombres, Izan estaba sorprendido al ver a todos aquellos Nephilim muertos, el joven estaba contento, pero después de ver todas las atrocidades cometidas por Jadiel y sus hombres sus ánimos estaban por el suelo ya que ellos no habían tenido piedad de nadie.

Al poco tiempo Jadiel se reunió con Arón quien comenzaba a sospechar de las intenciones de Jadiel, por esa razón no se separaba de sus hombres, ambos acordaron comenzar a pelear en contra de las aldeas vecinas, eso preocupó a Izan quien estaba a favor del ataque a las demás aldea pero, el rumbo que estaba tomando esa rebelión no era para nada favorable para los hombres ya que Jadiel arrasaría todo a su paso, pero, aparte de todo eso, Izan pensó en su hermano Aday, fue en ese momento cuando decidió abandonar la destruida aldea para buscar a Aday y ocultarse de todo lo que ocurriría, nadie estaría a salvo, era una lástima todo lo que ocurría. Izan estaba en el bosque corriendo hasta la aldea en donde se encontraba su hermano resbaló y se golpeó la cabeza al caer, en ese momento tuvo lo que él llamó *Un contacto con el Creador,* Izan preguntaba en dónde estaba y una voz suave y cálida le susurró *-Yo soy todo y estoy para todos-* Izan en ese momento despertó y se quedó un rato pensando, el Creador se había comunicado con él por alguna razón, Izan recordó que desde hace mucho tiempo no dedicaba ninguna oración al Creador, probablemente por esa razón toda su vida se había convertido en un completo caos, Izan se arrodilló en un pequeño lago, Izan se sumergió dentro del lago y comenzó a orar, pidió por el alma de su madre, por la de su padre y por la de su hermano, Izan comenzó a sentirse bien, sentía que flotaba en el agua, toda una experiencia para él. Después de su oración Izan salió del lago y se dispuso a caminar a la aldea, le faltaba mucho camino por recorrer, aunque sentía que el Creador le había ayudado a recuperarse.

Al llegar a la aldea los aldeanos estaban preocupados, los Vigilantes habían llegado hasta la cima del Monte Hermón, nadie sabía qué estaba ocurriendo, los Nephilim tampoco entendían lo que sucedía y fue en ese momento cuando una luz dorada salió del Monte Hermón, al parecer era un llamado a los demás Vigilantes.

El llamado

Después de salir a la aldea, Azazel despertó adolorido, en seguida los demás Vigilantes preguntaron si se sentía bien, Azazel aseguró estar mejor y junto con sus Vigilantes se encaminaron hasta el Monte Hermón, una vez allí Azazel lanzó una luz al cielo para llamar a los demás Vigilantes.

Al poco tiempo los demás Vigilantes llegaron para responder a la señar que Azazel había enviado, solamente faltaba Shemyasha quien llegó al poco tiempo, Shemyasha tenía el pecho descubierto, ya no estaba usando su armadura, en seguida los Vigilantes preguntaron a Azazel cuál era el motivo de la reunión, Azazel se paró en frente de todos y les advirtió sobre el gran ejército de hombres armados quienes se habían unido para exterminar a sus hijos, los demás Vigilantes aseguraban que Azazel decía la verdad, muchas aldeas eran atacadas por estos hombres quienes no mostraban piedad ante los hijos de los Vigilantes.

Muchos de los Vigilantes sugirieron ir a pelear en contra de esos humanos pero Shemyasha se levantó en medio de todos y les calmó, Shemyasha advirtió que no podían matar a los humanos ellos mismos, el Creador protegía a los humanos y si lograba ver que ellos estaban asesinándolos la desgracia caería sobre ellos, el Creador podría perdonar sus pecados pero el Creador amaba tanto a la humanidad que si se llegaba a enterar que los Vigilantes estaban en guerra con ellos no los perdonaría, los Vigilantes entendieron las palabras de su líder Shemyasha y pidieron su consejo ante tal situación, Shemyasha aseguró que lo recomendable era que los hijos de los Vigilantes se encargaran de esos hombres, Azazel aseguró que sus hijos eran aún muy jóvenes como para pelear en contra de los humanos, Shemyasha aseguró que esa era la única manera de detenerlos, por esa razón ordenó a los demás Vigilantes ir a sus aldeas y traer a los que pudieran pelear, los Vigilantes obedecieron a Shemyasha quien en ese momento iría a buscar a su hijo Karttikeya quien al ser el hijo mayor sería quien comandara a sus hermanos para detener a los humanos.

Shemyasha sin más nada que decir uso su poder para localizar a su hijo quien estaba junto a su madre en aquel bosque, Shemyasha descendió y Karttikeya salió a la defensiva, aseguró a su padre que estaba dispuesto a pelear en su contra si se atrevía a tocar a su madre, Shemyasha aseguró que su intención no era pelear sino advertirle, Nekhbet salió de su hogar y preguntó a Shemyasha qué era lo que quería, Shemyasha aseguró que un gran ejército de hombres estaba amenazando a todas las aldeas, su objetivo era eliminar a los hijos de los

Vigilantes entre los cuales se encontraba Karttikeya, Nekhbet comenzó a llorar, Shemyasha preguntó por qué lloraba, Nekhbet aseguró que ella había visto esa guerra, una revelación dos noches atrás le mostró lo sangrienta que sería, Karttikeya preguntó a su madre si estaba bien, Nekhbet aseguró que ese era el destino de Karttikeya, convertirse en un *Dios de la Guerra*, Karttikeya no quería ir y dejar a su madre pero esta le dijo que ese era su destino, debía ir a pelear en contra de los humanos, de lo contrario, si los humanos ganaban los hijos de los Vigilantes caerían muertos, Shemyasha le preguntó a Karttikeya qué haría, él aseguró que no tenía opción, fue de esa manera como Shemyasha se llevó a su hijo para prepararlo, debía estar listo para el combate. Por su parte, Azazel buscó a su hijo Marte de quien no sabía nada, al llegar a su antiguo hogar Marte se encontraba entrenando con una lanza, en el momento en que Marte vio a su padre le lanzó la lanza y Azazel sin gran dificultad la esquivó, Azazel preguntó a Marte por qué le daba esa bienvenida, se supone que su padre era un Vigilante del cual debía estar orgulloso, Marte aseguró que una vez estuvo orgulloso de ser su hijo pero después de aquel abandono que sufrió de su parte ahora Azazel era para Marte un simple recuerdo, Azazel estaba sin palabras, Saray salió detrás de Marte y preguntó si realmente era Azazel, el Vigilante se sintió sorprendido de la pregunta de Saray y preguntó si conocía a un Vigilante más apuesto que él, Saray se quedó sin palabras pero Azazel no estaba allí por ella, estaba allí para advertirles de que un gran ejército de hombres estaba atacado las aldeas y probablemente la aldea en donde vivía Marte sería atacada, Marte aseguraba que si querían pelea se las daría, fue de esa forma en que Azazel quiso ver las habilidades de Marte y lo atacó, Marte al parecer volaba de una manera increíble, incluso en un descuido de Azazel Marte se acercó lo suficiente como para enfrentar su arma junto con la de su padre, Azazel estaba orgulloso, Marte estaba listo para enfrentar cualquier dificultad sin su ayuda, en ese momento Azazel sacó aquel anillo el cual había forjado Shemyasha y se lo entregó a Marte como muestra de que confiaba en él para que detuviera a los humanos, Azazel se marchó no sin antes decirle a Marte que entrenara más fuerte, aquella batalla no sería fácil.

Los Vigilantes se reunieron nuevamente, tenían otra cosa que decirle a Shemyasha, Azazel los observó a todos con malos ojos, Shemyasha vio la expresión de Azazel y preguntó qué sucedía, los demás Vigilantes quienes fueron testigos de la caída de Azazel aseguraron que esos cuerpos tenían las mismas debilidades que los humanos, si eran golpeados sentían dolor y hasta sangraban, Shemyasha puso su mano en la frente y aseguró que eso era cierto, por esa razón absolutamente todos debían tener cuidado, ya que según Shemyasha, era probable que si alguno falleciera en combate podría ser juzgado no como un ser celestial, sino como un humano, los Vigilantes sintieron temor de eso y decidieron no entrar en combate debido a que todos tenían miedo de morir, ahora todos sabían que tenían debilidades, ya no eran los seres puros, espirituales e invencibles que solían ser.

Izan después de correr rápidamente llegó a la aldea en donde se encontraba Aday, en seguida Izan le pidió a Aday que recogiera sus cosas ya que se irían de allí, pero en seguida los Nephilim de la aldea comenzaron a custodiar la aldea para que ningún humano escapara, de esa manera no podrían unirse a la rebelión de los humanos, Izan supo que debía encontrar un buen escondite, ya había visto la potencia de los

hombres de Jadiel y de Arón, ellos simplemente
no perdonarían a nadie.

Hijos de la perdición

Desde las otras aldeas los Nephilim caminaban hasta la aldea de Shemyasha, había Nephilim de todos los tamaños, los Vigilantes se enorgullecían de ver a sus hijos quienes a pesar de no ser adultos estaban dispuestos a pelear por su especie y por sus padres.

Los primeros hijos de los Vigilantes eran quienes tenían más poder debido a que eran el primer fruto de la unión entre un ser celestial y una humana, allí se encontraba Karttikeya hijo de Shemyasha, Marte hijo de Azazel, *Ares* hijo de Shamsiel, *Oddien* hijo de Ar'taqof, *Badb* hija de Kashdejan, *Montu* hijo de Penemue y *Huitzilopochtli* hijo de Daniel, fueron ellos quienes se pusieron al mando de los Nephilim y quienes eran visto por sus padres con orgullo, ya que defenderían el legado que estos habían creado. En seguida al ver todo eso los hombres de Arón y de Jadiel quienes tenían la ventaja numérica sabían que por ningún motivo debían confiarse, las personas del pueblo estaban alteradas ya que la furia de Jadiel crecía y sin pensarlo dos veces comenzó el ataque, los Vigilantes se pusieron en la cima del Monte Hermón para ver aquella dolorosa batalla en donde probablemente muchos de sus hijos serían asesinados, los primeros hijos de los Vigilantes eran llamados los *Dioses de la Guerra* debido a que solamente ellos eran los únicos quienes tenían alas, ellos a pesar de que eran jóvenes mostraban una fuerza y una velocidad casi igual a las de sus padres, por eso cada hombre que se atrevió a enfrentarlos cayó en el intento, muy distinto era para aquellos Nephilim quienes eran comunes ya que solamente contaban con su altura pero debido a que eran seres violentos por natural peleaban con todas sus fuerzas en contra de los hombres, en ese

momento Arón intentó enfrentar a Badb quien
traía puesto un casco y cubría su rostro, Arón a
pesar de ser un hombre un poco mayor dio una
buena pelea a Badb quien usaba sus dos espadas
para defenderse de la poderosa lanza de Arón
quien con su gran habilidad logró dar un duro
golpe a Badb haciendo que ella perdiera su
casco, en ese momento Arón titubeó cuando vio
el rostro de Badb el cual era hermosa, al ser la
primera Nephilim de todos fue dotada de una
gran belleza y de una gran habilidad para el
combate pero todos sabían que ella era una
bebedora de sangre humana compulsiva, Arón
dudaba de que todas esas cosas fuesen ciertas
después de ver aquel hermoso rostro, pero Badb,
quien no tenía piedad de nadie sacó un cuchillo
y lo enterró en el vientre de Arón hiriéndolo
gravemente, Arón para desquitarse tomó un
cuchillo y rasgó el rostro de Badb quien cayó al
suelo con su rostro cortado, en seguida ella

agarró su casco y reflejó su rostro perfecto el cual había sido arruinado, Badb con el rostro cubierto de sangre se encaminó para terminar de matar a Arón por lo que había hecho pero los hombres de Jadiel se lo impidieron, Badb había cometido un gran error al mostrar su rostro cubierto de sangre, de esa forma los hombres supieron que los Dioses de la Guerra no eran seres inmortales, eran de carne y hueso al igual que los humanos y se les podía matar, en ese momento el coraje de los hombres creció y todos se lanzaron a pelear sin miedo alguno, la victoria estaba cerca, Jadiel estaba sediento de sangre al igual que todos, en el momento en que sus hombres salvaron a Arón y que pudo ver a Badb sangrando el rostro de Jadiel se volvió más violento, al principio tenía miedo al ver a los Dioses de la Guerra pelear ya que pensaban que eran invencibles, pero después de la desgracia de Badb las cosas cambiaron, Jadiel continuaba con su sed de sangre matando todo a su paso sin dejar a nadie con vida.

Piedad para todos

Mientras la batalla continuaba Izan permanecía oculto de la vista de todos, lo que allí se podía ver era una completa carnicería, Aday por su parte se dedicaba a seguir a su hermano a todas partes y cada vez que podía rezaba una oración para que El Creador tuviera piedad de todas las cosas malvadas hechas por el hombre y por los Nephilim, ya que la tierra lloraba por todas las vidas que había cobrado esa batalla.

Los Vigilantes observan desde el Monte Hermón cómo sus hijos mayores intentaban masacrar a la humanidad pero los hijos de los hombres no se detenían ante nada, algunos de los Nephilim devoraban a los hombres en frente de todos sin mostrar ningún sentimiento de piedad, Karttikeya por su parte usando sus espadas rebanaba el cuello de los humanos al igual que Marte quien lideraba a sus hermanos como todo un líder, sus alas rojas eran símbolo de desgracia para los humanos quienes al ver al Nephilim acercarse intentaban matarle pero era imposible, Marte usaba sus alas para huir ante cualquier peligro, en ese momento Azazel observó bien al mejor de los guerreros de los hombres, se dio cuenta rápidamente que se trataba de Jadiel, Azazel en seguida se enfureció y llamó a Izan quien comenzó a sentir el dolor en su herida, Izan preguntó a Azazel qué quería, Azazel le acusó de ser un sucio y un mentiroso ya que le había mentido sobre la muerte de Jadiel, Izan sugirió a Azazel que dejara la cobardía y que lo matara él mismo con sus manos, Azazel ordenó en seguida a Izan acabar con la vida de Jadiel, Izan no podía tomar una decisión, debía elegir si matar al más fuerte de los humanos o dejarlo vivo, pero en se momento ocurrió algo que hizo cambiar de decisión a Izan, Jadiel apareció y comenzó a matar a inocentes en

presencia de Izan quien observaba como ni
siquiera los niños eran perdonados por ese
malvado hombre, Izan en seguida se puso en
frente de Jadiel quien se creía invencible, Arón
estaba herido y ahora Jadiel era el único capaz
de controlar a tantos hombres, Izan aseguró que
debió matar a Jadiel cuando Azazel se lo pidió,
Jadiel comenzó a sonreír y preguntó en dónde
estaba su mal formado hermano, lo mataría él
mismo para librarlo de su miseria, Izan en
seguida se ofendió por eso y se lanzó a pelear en
contra de Jadiel quien vio la gran habilidad de
Izan quien en vez de tener miedo estaba lleno de
odio por Jadiel, Izan estaba decepcionado ya que
Jadiel tenía la oportunidad de acabar con los
Nephilim pero prefería seguir su sed de sangre
asesinando de esa forma a personas inocentes,
los Nephilim observaban la pelea entre Jadiel e
Izan y se burlaban de ellos, Karttikeya dio unas
palabras de aliento a los Nephilim y les invitaba

a ver lo inferior que eran los humanos, solamente debían ver cómo se mataban entre ellos, los Nephilim comenzaron a burlarse y eso sirvió para que ellos comenzaran a desarrollar aún más su violencia, los humanos seguían peleando fuertemente y sin detenerse, incluso muchos de ellos comenzaron a arrojar sus lanzas hasta los Dioses de la Guerra quienes debieron tener cuidado de no salir heridos ya que las lanzas eran efectivas, Aday observaba a su hermano pelear en contra de Jadiel y lo único que hacía era orar y pedirle al Creador que salvara a su hermano de Jadiel quien era un hombre malvado.

Victoria celestial

La batalla continuaba y nadie sabía de qué parte estaba El Creador, ya que todo se tornaba tan sangriento que la aldea había quedado completamente destruida pero la batalla continuaba.

Izan seguida peleando en contra de Jadiel pero ninguno estaba dispuesto a rendirse, Jadiel admiraba el valor de Izan y le dijo que si se unía a él sería un gran guerrero, Izan no quería más inocentes muertos cosa que Jadiel explicó a Izan, todos en esa aldea estaban contaminados, aquellas mujeres ya habían sido corrompidas por los Vigilantes y por eso debían morir, esos seres pronto aumentarían de tamaño y la humanidad desaparecería dentro de poco tiempo, Jadiel rogó a Izan que entendiera eso, pero Izan no estaba de acuerdo con las palabras de Jadiel, justo allí Jadiel observó a Aday quien

estaba escondido, en seguida lanzó un cuchillo el
cual fue enterrado en el hombro de Aday, Izan
en seguida fue hasta donde estaba Jadiel y con el
cuchillo con el cual había herido a Azazel le hizo
un corte en el cuello dejando a Jadiel herido de
muerte, Izan se acercó a Jadiel quien no creía que
un niño lo había derrotado, Jadiel comenzó a
llorar, él pensaba que ese día vería el fin de los
Nephilim, después sugirió a Izan que, dentro de
algún tiempo alguien más se alzaría como Jadiel
lo hizo ya que con su muerte se sellaba el destino
de la humanidad, los Nephilim aumentarían en
número y en tamaño y comenzarían a devorar
todo a su paso, Jadiel pidió a Izan nunca olvidar
el grave error que había cometido, el cual lo
perseguiría hasta el fin de sus días, Izan observó
el cuerpo de Jadiel y se quedó sin palabras por
todas las cosas que ese hombre le había dicho,
Izan en seguida fue a ayudar a su hermano
quien estaba herido, pero se recuperaría, los

demás hombres siguieron peleando después de la muerte de Jadiel, pero la moral había bajado debido a la muerte de su líder cosa que fue aprovechada por Marte y por Karttikeya para llevar a sus Nephilim hasta la victoria, los hombres restantes salieron corriendo sin dirección alguna, Arón se encontraba entre ellos, pero estaba demasiado débil como para mantener el orden, en ese momento los Vigilantes bajaron del Monte Hermón para felicitar a sus hijos y darles una digna despedida a los caídos, Azazel incluso se acercó a Izan y le felicitó por su misión, la cual ahora estaba completa, los Nephilim se reunieron todos para celebrar la aplastante derrota a los humanos mientras los Vigilantes estaban contentos, ahora podrían seguir con sus vidas llenas de pecado y explotando a los humanos en todos los aspectos, solamente Izan se mantenía serio en aquel lugar mientras veía cómo los Nephilim usaban el cadáver de Jadiel para comerlo al igual que los demás cuerpos, muchos de ellos comenzaban a beber la sangre recién derramada, Izan solamente tomó a Aday y se adentró en el bosque, no sabía si lo que había hecho estaba bien.

Shemyasha se dirigió ante todos y aseguró que el reinado de los Nephilim y de los Vigilantes sería eterno, los humanos eran seres inferiores y por esa razón habían perdido la batalla, una nueva raza con un nuevo legado se levantaría para perpetuarse en el poder, Azazel estaba contento por el triunfo e incluso observaba a Saray acariciando a su hijo Marte quien había sido un verdadero guerrero a la hora de inspirar a sus hermanos, fue así como la leyenda de los primeros hijos de los Vigilantes se extendió por todas las aldeas haciendo referencia a que esos seres solamente vivían para la guerra, Shemyasha y los Vigilantes sentían que estaban en su mejor momento, ya que pensaban que su legado y sus hijos pasarían a ser la nueva especie que reinaría el mundo por los siglos de los siglos….

En un lugar celestial en el cual no podemos ver un ser radiante, justo y perfecto observaba a sus más fieles servidores, esos poderosos seres celestiales observaron todo lo que había ocurrido en la tierra, las acciones de Shemyasha, las atrocidades de Azazel y poco a poco se guardaban sus opiniones, decidieron esperar juntos un tiempo, porque llegado su momento, el Altísimo Creador sería informado de los acontecimientos de la Tierra, las acciones de aquellos Vigilantes no quedarían sin castigo…

Ángeles Izquierdos

Una historia de:

Juan Ernesto de Mosquera

Made in the USA
Middletown, DE
05 September 2023

37910559R00141